Kirstin Schiewe

Sozial-Sponsoring

Ein Ratgeber

Kirstin Schiewe

Sozial-Sponsoring

Ein Ratgeber

Lambertus

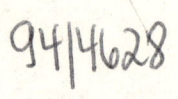

CIP-Titelaufnahme der Deutschen Bibliothek

Schiewe, Kirstin:
Sozial-Sponsoring: ein Ratgeber / Kirstin Schiewe. – Freiburg im Breisgau: Lambertus, 1994

ISBN 3-7841-0712-5

Alle Rechte vorbehalten
© 1994, Lambertus Verlag, Freiburg im Breisgau
Umschlaggestaltung: Christa Berger, Solingen
Umschlagfoto: Uwe Stratmann, Wuppertal
Satz: Martin Fischer, Tübingen
Druck: Rebholz GmbH, Freiburg im Breisgau
ISBN 3-7841-0712-5

Inhalt

7	Einführung
11	1. Sponsoring – ein Marketinginstrument
11	1.1. Was ist Sponsoring?
12	1.1.1. Merkmale des Sponsorings
14	1.1.2. Sponsoring-Bereiche
19	1.1.3. Abgrenzung zu Mäzenatentum und Spende
22	1.2. Sponsoring als neuer Trend
25	1.3. Blick über die Grenzen
27	2. Sozial-Sponsoring – Firmen fördern „gute Taten"
27	2.1. Was ist Sozial-Sponsoring?
28	2.1.1. Beteiligte am Sozial-Sponsoring
29	2.1.2. Beispiele für Sozial-Sponsoring
37	2.2. Motive für Sozial-Sponsoring
38	2.2.1. Kampf ums Geld: Sozialorganisationen unter finanziellem Druck
41	2.2.2. „Tue Gutes und rede darüber": Sponsoren in der Pflicht
47	2.3. Voraussetzungen für Sozial-Sponsoring
48	2.3.1. Unterschiedliche Formen des Sponsorings
50	2.3.2. Felder des Sozial-Sponsorings
54	2.3.3. Sozialorganisationen und die Selbstdarstellung
58	2.3.4. Unternehmen und die Glaubwürdigkeit des sozialen Engagements
59	2.4. Der steuerrechtliche Aspekt des Sponsorings
67	2.5. Sponsoring-Agenturen
68	2.5.1. Anforderungsprofil
69	2.5.2. Beispiele
72	3. Planungsprozess eines Sozial-Sponsorings
72	3.1. Stufenplan für die Sozialorganisationen
72	3.1.1. Situationsanalyse
77	3.1.2. Zielbestimmung
79	3.1.3. Grundsätze

82	3.1.4. Realisierung
90	3.1.5. Auswertung
92	3.2. Stufenplan des Unternehmens
92	3.2.1. Grundsatzüberlegungen und Zieldefinition
95	3.2.2. Entwicklung einer Sponsoring-Strategie
98	3.2.3. Realisierung
104	3.2.4. Integration in die Unternehmenskommunikation
105	3.2.5. Erfolgskontrolle
109	4. MARK ODER MORAL? – ZUR LEGITIMATIONSPROBLEMATIK DES SOZIAL-SPONSORINGS
109	4.1. Ausverkauf von Idealen?
112	4.2. Der Konflikt zwischen „Helfern" und „Machern"
116	4.3. Grenzen des Sozial-Sponsorings
118	ANHANG: WEGE AUS DER FINANZIELLEN MISERE
123	LITERATUR
128	AUTORIN

Einführung

„Geldmangel beim Kinderschutzbund: Entlassungen drohen." (Frankfurter Rundschau 1992a) – „... dafür hat die Aids-Hilfe kein Geld." (Badische Zeitung 1992b) – „Steigende Personal- und Mietkosten reißen große Löcher in die Etats – Soziale Einrichtungen müssen den Gürtel enger schnallen: Caritas denkt an Stellenabbau." (Schwäbische Zeitung 1992)

Die Soziale Arbeit gerät zusehends in Finanznot. Zuschüsse an freie und private Träger werden eingefroren, öffentliche Mittel für Angebote im Sozialbereich werden gekürzt, Personalstellen nicht neu besetzt oder gestrichen. Die Verantwortlichen vor allem in den gemeinnützigen Sozialorganisationen greifen nach jedem Strohhalm, und nicht wenige sehen im Sozial-Sponsoring ihren letzten Rettungsring: Geld aus der Privatwirtschaft für die Soziale Arbeit. Abgesehen von konjunkturellen Rahmenbedingungen basieren diese Hoffnungen nur allzu oft auf falschen, vereinfachenden Vorstellungen vom Sponsoring.

Marketingexperten, wie Professor Manfred Bruhn, rechnen mit einer Verdoppelung der Sponsoring-Aufwendungen innerhalb der nächsten zwei bis drei Jahre. Wenn in der Bundesrepublik Deutschland von Sponsoring die Rede ist, geht es in der Regel um Sport-Werbung. Im Vergleich zum Sport-Sponsoring genießt die Form des Sozial-Sponsorings noch relativ geringe Aufmerksamkeit. Die Tendenz ist jedoch steigend.

Die bislang greifbaren Publikationen (Monographien, Sammelbände) zum Thema „Sozial-Sponsoring" beschränken sich meist auf theoretische Grundlagendiskurse. Dieses Buch greift diese Diskussion auf und macht darüber hinaus dieses Finanzierungsinstrument für Sozialorganisationen transparent und handhabbar.

Dazu werden der Begriff „Sponsoring" geklärt, Abgrenzungen zu anderen Finanzierungskonzepten vorgenommen und Hintergründe näher beleuchtet (Kapitel 1).

Des weiteren werden die Kennzeichen, die Motive, die Voraussetzungen und die Rechtsgrundlagen des „Sozial-Sponsorings" beschrieben und mit Beispielen illustriert (Kapitel 2).

Ein eigens entwickelter Stufenplan hilft interessierten Sozialorganisationen, sich einem solchen Vorhaben Schritt für Schritt zu nähern (Kapitel 3).

Dieser Ratgeber beschreibt die Entscheidungen, die bei einem Sponsorship zu treffen sind, und die Anforderungen, die Sozial-

organisationen an sich und ihre Sponsoring-Partner stellen sollten (Kapitel 4).
Unternehmen erwarten für ihr Geld einen Nutzen. *Ein Sponsoring ist keine Spende, sondern ein Geschäft.* Deshalb werden in diesem Buch immer wieder auch das wirtschaftliche Kalkül und die betriebswirtschaftliche Sichtweise von Sponsoren zur Sprache kommen. Sozialorganisationen müssen für Verhandlungen mit Firmen unternehmerisches Denken nachvollziehen können und darüber Bescheid wissen. Außerdem werden in allen Kapiteln die wichtigsten Marketing-Begriffe erklärt und verwendet, denn Sozialorganisationen benötigen diese Kenntnisse, wenn sie an ein Unternehmen herantreten.
Eine kritische Öffentlichkeit erwartet von den Unternehmen Verantwortungsbewußtsein und daß sie sich mit dem Ertrag ihres Wirtschaftens gesellschaftlich engagiert. Dies deckt sich mit der zunehmenden Überzeugung vieler Unternehmen, mit der Förderung einer „guten Sache" ihr Ansehen in der Öffentlichkeit zu verbessern; sie haben gewissermaßen die „Barmherzigkeit" als imagefördernd entdeckt: Sozial-Sponsoring als ein Instrument des Firmenmarketings.
Doch genau dieser Marketing-Aspekt spaltet die Beschäftigten in den sozialen Einrichtungen in BefürworterInnen und GegnerInnen des Sponsorings. Letztere befürchten den Ausverkauf ihrer Ideale. Organisationen, die mit Sponsoren-Geldern liebäugeln, müssen deshalb intern jede Zusammenarbeit mit einem Sponsor vorab klären. Gegen den Willen der MitarbeiterInnen kann ein Sponsoring nicht gelingen. Mit unüberlegten Aktionen riskiert eine Sozialorganisation nicht nur, daß sie ihre Fachkräfte demotiviert, sondern auch, daß sie ihre Glaubwürdigkeit und ihren Ruf beschädigt. Für eine Zusammenarbeit sind also ausführliche Verhandlungen wichtig, um die Bedingungen vorher abzusprechen. Der falsche Partner zur falschen Zeit kann gerade finanzschwache Sozialorganisationen in Turbulenzen bringen. Die Gefahr, daß Sponsoring lediglich als Deckmäntelchen für die gesellschaftlichen Versäumnisse eines Betriebs herhalten soll, ist nicht zu unterschätzen. Deshalb räumt dieses Buch der Frage nach der Glaubwürdigkeit breiten Raum ein; insbesondere das Schlußkapitel hat diese Problematik zum Gegenstand.
Nicht jede Sozialorganisation kommt als Geldempfänger in Frage. Sponsoren suchen für den beabsichtigten Imagetransfer Organisationen mit einem bestimmten Image. Sponsoren bevorzugen innovative Projekte, die sich medienwirksam darstellen lassen. Deshalb sind es häufig bekannte oder große Sozialorganisationen, für die sich die Unternehmen interessieren; aber auch für kleine Projekte lassen sich

Sponsoren finden, vorausgesetzt, sie haben einen „Ruf". Einen Namen macht man sich mit guter Arbeit und mit guter Öffentlichkeitsarbeit. Dies ist ein entscheidender Punkt auf dem Weg zum Sponsoring. Dieses Buch gibt deshalb immer wieder Tips, wie sich eine Einrichtung ins „rechte Licht rücken" kann, von der Pressearbeit bis zum Umgang mit MedienvertreterInnen. Potentielle Geldgeber reagieren um so aufgeschlossener auf eine Sponsoring-Anfrage, je mehr sie über die Sozialorganisation wissen. Der Zwang zu einer solchen Öffentlichkeitsarbeit bietet den SozialarbeiterInnen/SozialpädagogInnen gleichzeitig die Chance, die Professionalität ihrer Arbeit zu erhöhen.

Bei Gesponserten und Sponsoren sind zahlreiche Barrieren vorhanden, die das Zustandekommen eines Sponsorships erschweren können: mangelnde konzeptionelle Vorbereitung, fehlende Erfahrungen mit Sponsoring und Public Relations, unterschiedliche Denkweisen und Vorurteile sind nur einige Beispiele dafür.

Die Führungskräfte der Sozialorganisationen werden aufgrund der Finanzmisere künftig noch mehr Hebel in Bewegung setzen müssen, um die Arbeit ihrer Einrichtungen und deren Standards weiterhin gewährleisten zu können. Angesichts der Dringlichkeit sozialer Probleme und leerer Kassen der öffentlichen Hand sollten soziale Institutionen prüfen, ob ein Sponsoring als Finanzierungsquelle in Frage kommt. Sie sollten diese Prüfung so professionell wie möglich und mit aller Vorsicht durchführen.

Noch ist das Sozial-Sponsoring nicht nur für die Sozialeinrichtungen, sondern auch für die Unternehmen neu und als Werbeträger interessant. Sozial-Sponsoring befindet sich gewissermaßen noch im Experimentierstadium (in dem es eine gewisse Zeit auch noch bleiben wird, da es ein aufwendiges und rechtlich noch unklares Instrument darstellt). Erste Sponsoring-Versuche verliefen dennoch für die Sozialorganisationen meist erfolgreich. Die Zusammenarbeit beschränkt sich aber bislang auf bestimmte Unternehmensbranchen, wie z.B. die Computerbranche, Automobilhersteller, Banken und Brauereien. Sie könnte wesentlich ausgedehnt werden, zumal die bislang eingesetzten Summen relativ gering sind. Das Terrain ist noch längst nicht erschlossen. Auch die Steuergesetzgebung hat diese Entwicklung noch nicht ausreichend berücksichtigt; sie unterscheidet beispielsweise nicht zwischen Sozial-Sponsoring und Sport-Sponsoring; die Einnahmen der Einrichtung sind nämlich voll steuerpflichtig. Doch drücken die Finanzämter auch 'mal beide Augen zu. Den komplizierten steuerrechtlichen Rahmenbedingungen ist deshalb im zweiten Kapitel ein ganzer Abschnitt gewidmet.

Und schließlich mag das Sozial-Sponsoring bei anhaltender Expansion einigen SozialpädagogInnen/SozialarbeiterInnen ein neues Betätigungsfeld bieten, indem sie Sozialeinrichtungen beraten oder dort innovative Projekte für ein Sponsoring entwickeln, Kurse zum Thema „Sozial-Sponsoring" im Sozialbereich oder im Wirtschaftsbereich anbieten. Derartige Sponsoring-Beratungsstellen lassen sich auch an Hochschulen angliedern, wie dies bereits geschehen ist.

1. Sponsoring – ein Marketinginstrument

Den selbstlosen Mäzen der „alten Schule" gibt es nur noch in Ausnahmefällen. In der modernen Industriegesellschaft treten marktwirtschaftlich orientierte Unternehmen an ihre Stelle und kompensieren als Sponsoren die Finanzierungslücken von Sportveranstaltungen, von musikalischen Aktivitäten und zunehmend auch von sozialen Organisationen. Für ihr Geld erwarten die Firmen eine Gegenleistung, mit der sie ihren Bekanntheitsgrad erhöhen, ihr Image verbessern und ihre Marktchancen vergrößern können. Vor allem in angelsächsischen Ländern hat diese Art des Gebens und Nehmens bereits eine längere Tradition – auch im sozialen Bereich. In Deutschland hingegen steht nach wie vor die steuerfreie Spende noch höher im Kurs. Dieses Kapitel schildert, wie Sponsoring zu einem Marketinginstrument wurde und welche Unterschiede zur Spende und zum Mäzenatentum bestehen.

1.1. WAS IST SPONSORING?

Sponsoring ist zu einer täglichen Erscheinung avanciert. Besonders deutlich zeigt sich dies im Bereich des Sports, wo ZuschauerInnen bei Veranstaltungen mit den unterschiedlichsten Unternehmen konfrontiert werden. Firmen werben auf Trikots und Stadionbanden oder richten Tennisturniere und Radrennen aus. Dieser Trend ist kein Zufall, sondern das Ergebnis von Erwägungen der Wirtschaft, gezielt imageträchtige oder publicitywirksame Personen oder Organisationen zu unterstützen, um daraus selbst einen werblichen Nutzen zu ziehen.
Seit Ende der 80er Jahre tut sich die klassische Werbung nämlich schwer. Die Unternehmen plazierten ihre Werbung mit der rasanten Entwicklung der „neuen Medien" zunehmend in den elektronischen (vor allem Fernsehen) und nicht mehr in den Printmedien (Zeitschriften, Zeitungen). Doch die ZuschauerInnen „zappen" sich durch die immer mehr mit Werbung durchsetzten Programme, um den Werbespots zu entgehen. „Wenn Werbung also nicht mehr das gewünschte Interesse weckt, muß die Branche, die nicht mehr werben, sondern ‚kommunizieren' will, neue Methoden suchen, um ihre Botschaft an den Kunden zu bringen" (Baumgärtel 1992). Ein Ausweg ist das Sponsoring, d.h. die Werbung wird in den medial vermittelten Inhalten selbst untergebracht. In Deutschland sponsern die Unter-

nehmen seit Mitte der 80er Jahre gezielt im Sportbereich; auch die Bereiche „Kultur", „Umwelt" und „Soziales" gewinnen inzwischen immer mehr an Attraktivität.

1.1.1. Merkmale des Sponsorings

Der *Begriff* „Sponsor" kommt aus dem Englischen und bedeutet: Förderer, Gönner oder Geldgeber. Unternehmen treten als Sponsoren auf, um durch die Förderung eines Gesponserten auch eigene Ziele zu verfolgen. Das Wort „Sponsoring" hat in die deutsche Sprache Eingang gefunden, ohne übersetzt zu werden.
In Deutschland hat sich vielleicht deshalb bei Unternehmen, Gesponserten, MedienvertreterInnen und bei BürgerInnen teilweise eine unklare Verwendung des Begriffs „Sponsoring" breitgemacht. Gilt doch nahezu jede Form der Unterstützung von Individuen oder Gruppen im Alltagsverständnis als „Sponsoring". Das regelmäßige Taschengeld für die Tochter oder das Freibier in der Kneipe haben jedoch nichts mit dem eigentlichen Verständnis von Sponsoring zu tun.
Der Marketingexperte Manfred Bruhn, Lehrstuhlinhaber für Marketing an der European Business School in Oestrich-Winkel, definiert Sponsoring aus Sicht der Unternehmen als

> „Planung, Organisation, Durchführung und Kontrolle sämtlicher Aktivitäten, die mit der Bereitstellung von Geld, Sachmitteln oder Dienstleistungen durch Unternehmen zur Förderung von Personen und/oder Organisationen im sportlichen, kulturellen und/oder sozialen Bereich verbunden sind, um damit gleichzeitig Ziele der Unternehmenskommunikation zu erreichen" (Bruhn 1991, 21).

Nach dieser Definition ist Sponsoring als ein Instrument der Unternehmenskommunikation[1] zu verstehen. In ihrem Gutachten vom Sommer 1992 zum Thema „Sponsoring" formuliert die Hessische Landesregierung eine kurze und knappe Definition: „Sponsoring ist ein Kommunikationsinstrument. Es zielt auf Imagetransfer zugunsten des Sponsors und dient der Mittelbeschaffung auf seiten des

---

[1] Als Kommunikations- und Marketinginstrumente sind „langfristige Verhaltenspläne für den Einsatz und die Steuerung betrieblicher Aktivitäten in den Bereichen Kommunikations- und Absatzpolitik zu verstehen, die ein Teil der Unternehmensstrategie bilden" (Hauser 1991, 12). Zu den klassischen Kommunikationsinstrumenten zählen: Werbung, Öffentlichkeitsarbeit und Verkaufsförderung. Sponsoring wird also bewußt von Unternehmen eingesetzt, um daraus einen Markt-Nutzen zu ziehen.

Gesponserten." Beide Definitionen vernachlässigen, daß Sponsoring ein Geschäft ist und daß dazu ein Vertragsverhältnis (= Sponsorship) über Form, Zeitpunkt, Dauer und Leistung zwischen dem Unternehmen und dem Geförderten besteht. Dabei sind folgende *vier Merkmale* besonders hervorzuheben:

(a) Sponsoring basiert auf dem *Prinzip von Leistung und Gegenleistung*. Der Sponsor setzt Geld, Sachmittel oder Know-how ein und erwartet vom Gesponserten eine imagefördernde Gegenleistung, etwa die Verbesserung des Ansehens des Unternehmens durch die öffentlich gemachte Förderung von sportlichen oder anderen Maßnahmen oder das Recht, den Namen des Geförderten in der Anzeigenwerbung zu verwenden. Der Sponsor gibt Gesponserten, etwa Sozialeinrichtungen, Geld, die ihm dafür Leistungen, und zwar das mit ihrer Arbeit verbundene Image, bieten. Die Nutzung dieses Images lassen sie sich vom Sponsor honorieren.

(b) Sponsoring ist für ein Unternehmen mehr als der Kauf von Werbeflächen wie bei der Bandenwerbung im Sport. Vielmehr kommt beim Sponsoring der *Fördergedanke* von sportlichen, kulturellen, sozialen oder anderen Anliegen zum Ausdruck. Das gelingt am besten, wenn die gesponserte Organisation ein konkretes Projekt vorschlagen kann.

(c) Sponsoring soll für Unternehmen eine *kommunikative Funktion* erfüllen, das heißt, die Förderung soll bekannt werden. Die kommunikative Wirkung läßt sich am besten über Medien erreichen, die eine große Publizitätswirkung haben, beispielsweise bei der Übertragung von Sportereignissen, aber auch bei Berichten über die Einweihung eines Jugendzentrums. Neben der Werbebotschaft ist beim Sponsoring für Kultur und Soziales der Aspekt der Profilierung des Unternehmens wichtig, was nicht nur für die KundInnen, sondern auch für die MitarbeiterInnen des Unternehmens (Motivation, Identifikation) von Bedeutung sein kann. Doch auch den geförderten Sozialeinrichtungen öffnet sich damit eine Chance, in diesem Rahmen sich öffentlich zu präsentieren und die eigene Arbeit darzustellen.

(d) Sozialeinrichtungen (und Unternehmen), die an einem Sponsoring interessiert sind, sollten das Sponsorship einem *Planungsprozeß* unterwerfen. Zum einen erfordert dies das wirtschaftliche Kalkül des Unternehmens, das für seine Geldleistungen einen Nutzen erwartet; dazu müssen von allen Beteiligten die Leistungen und Gegenleistungen präzise abgesprochen und geplant werden. Die Zusammenarbeit mit einem Unternehmen ist auch deswegen systematisch vorzubereiten, um die Gemeinnützigkeit oder Glaubwürdigkeit nicht aufs Spiel zu setzen – eine Gefahr, die besonders beim Sozial-Sponsoring recht groß ist; dies erfordert, das Sponsorship auf der Basis einer Situationsanalyse und Zielformulierung sorgfältig vorzubereiten – was bislang in der Praxis noch recht selten geschieht.

1.1.2. Sponsoring-Bereiche

Das Volumen der Sponsoring-Aktivitäten ist im letzten Jahrzehnt auch in Deutschland sprunghaft gestiegen. Exakte Angaben liegen bislang nicht vor; die Fachleute begnügen sich mit zum Teil sehr unterschiedlichen Schätzungen. Manfred Bruhn und Rudolf Mehlinger (1992, 2) glauben, daß die Wirtschaft im Jahr 1986 etwa 500 Mio DM, 1988 etwa 1 Mrd DM und 1991 etwa 1,4 Mrd DM für Sponsoring-Projekte ausgegeben hat:

> „Bringt man das Sponsoring-Volumen mit den Aufwendungen von Unternehmen für die klassische Mediawerbung in Verbindung, so handelt es sich um einen Anteil von etwa 3 bis 6 Prozent der Mediawerbung von Unternehmen, der jährlich für Sponsoring ausgegeben wird."

Andere Schätzungen taxieren das Sponsoring-Volumen auf 1,5 bis 2 Mrd DM für 1992 (Labetzsch 1992; Mauerer 1992) und erwarten eine Steigerung bis 1995 auf ca. 2,5 Mrd DM (Bruhn 1990a). Abbildung 1 zeigt die Entwicklung des Sponsoring-Marktes in der Bundesrepublik Deutschland von 1985 bis 1995 (in Mio DM; Bruhns Prognose datiert aus dem Jahr 1990 und konnte die derzeitige konjunkturelle Flaute nicht berücksichtigen).

Abbildung 1: Entwicklung des deutschen Sponsoring-Marktes von 1985 bis 1995

Jahre	Sport-Sponsoring	Kultur-Sponsoring	Sozio-/Umwelt-Sponsoring	Sponsoring gesamt
1985	250–350	20–80	10–50	ca. 400
1986	350–450	30–100	20–60	ca. 500
1987	550–650	50–150	30–60	ca. 750
1988	750–850	150–200	30–70	ca. 1000
1992	1000–1250	200–400	50–100	ca. 1500
1995	1500–2000	500–750	150–200	ca. 2500

Quelle: Bruhn 1990a, 5

Sponsoring ist für Wirtschaftsunternehmen ein Instrument mit vielfältigen Einsatzmöglichkeiten. Grundsätzlich haben sich *vier Bereiche des Sponsoring* herausgebildet:

(a) Sport-Sponsoring
(b) Kultur-Sponsoring
(c) Öko-Sponsoring
(d) Sozial-Sponsoring.

(1) Sport-Sponsoring

Wieviel Geld die Firmen für Sponsoring ausgeben, ist ein gut gehütetes Geheimnis. Der Anteil des Sport-Sponsoring am Gesamtvolumen des Sponsorings beträgt nach Einschätzung von Manfred Bruhn und Rudolf Mehlinger (1992) 80 Prozent, das heißt ca. 1 Mrd DM für 1992 (Mauerer 1992; Gesterkamp 1992). Gefragt sind vor allem SpitzensportlerInnen, weil die kommunikative Funktion des Sponsorings hier die größten Effekte verspricht, denn sie sind den ZuschauerInnen bekannt; entsprechend hoch sind deshalb hier die Sponsoring-Gelder.
Die meisten Großveranstaltungen des Spitzensports wären ohne Sponsoren nicht mehr zu finanzieren. Besonders die Sportartikel-Hersteller setzen auf das Sponsoring von SportlerInnen. Das Image erfolgreicher AthletInnen soll auf die Ausrüstung(-firma) abfärben. Beim Sport-Sponsoring steht der Marketing-Aspekt, die werbende Wirkung, für die Unternehmen im Mittelpunkt:

> Die Marketing-Experten der „Puma AG" träumen noch heute davon, wie der unbekannte Boris Becker mit einem Schläger von Puma seinen Siegeszug antrat. Nach seinem ersten Wimbledonsieg 1985 war die Marke plötzlich bei den AmateurtennisspielerInnen die Nummer eins. „Da gab es einen Kaufrausch", schwärmt der Puma-Marketingchef Jochen Zeitz (Büschemann 1992).
> Auch die Entwicklung des Branchenneulings „Nike" ist dafür ein Beleg. 1984 bestiegen zahlreiche AthletInnen in Nike-Sportschuhen das Siegertreppchen bei den Olympischen Spielen in Los Angeles. Vor zwei Jahren konnte „Nike" den Weltmarktführer „adidas" von der Spitzenposition im Markt für Sportartikel verdrängen. Der Erfolg wäre ohne die Promotion durch SportlerInnen nicht möglich gewesen.
> Kaum ein anderer Konzern hat so viel Erfahrung im Sport-Sponsoring wie der schwedische Automobilhersteller „Volvo". „Sponsoring ist für uns achtmal so erfolgreich wie die klassische Werbung", sagt der PR-Chef von „Volvo" (Clüver/Roth 1989, 220).

Da der Wirksamkeitseffekt der ständig im Fernsehen übertragenen Sportveranstaltungen der einer Droge gleicht, muß die Werbedosis aber ständig erhöht werden. Bei den übersättigten ZuschauerInnen, die die Sportpromotion kaum mehr registrieren, muß in immer neuen, intensiveren und umfangreicheren Präsentationen Aufmerksamkeit erzeugt werden. „Wir brauchen immer mehr Geld, um überhaupt wahrgenommen zu werden", meint der Geschäftsführer des Skiherstellers „Blizzard" (Büschemann 1992).

(2) Kultur-Sponsoring

Auf den Bereich des Kultur-Sponsoring entfällt etwa ein Anteil von 15 Prozent am gesamten Sponsoring-Volumen in Deutschland (Bruhn/Mehlinger 1992), das sind ca. 200 bis 350 Mio DM für 1992 (Mauerer 1992; Gesterkamp 1992). Unternehmen beabsichtigen mit ihrem finanziellen Engagement, ähnlich wie beim Sport-Sponsoring, ihr Image zu verbessern. Das soll ermöglicht werden, indem beispielsweise der Firmennamen im Programmheft oder auf der Rückseite der Eintrittskarte genannt wird. Die Präsenz der Medien ist bei diesen Ereignissen allerdings sehr viel geringer als beim Sport-Sponsoring, was die Werbewirksamkeit verringert.

> Besonders bekannt ist das Sponsoring beim „Schleswig-Holstein-Musik-Festival". Diese Veranstaltung wurde direkt auf das Sponsoring ausgerichtet und ist diesbezüglich eher ein Einzelfall.
> Weitere Beispiele für Kultur-Sponsoring sind der Auftritt der „Münchner Philharmoniker" in den Werkshallen von „Audi" oder das Sponsoring von „Fernet Branca" bei den Konzerten von Luciano Pavarotti (Bickmann 1991).

Die Akzeptanz des Kultur-Sponsoring ist weder bei den Kulturschaffenden noch bei den JournalistInnen besonders hoch. Auf Unternehmensseite wirken Kultur-Sponsoring-Aktivitäten oft aufgesetzt. Die KünstlerInnen befinden sich unter einem ständigen Legitimationsdruck, das Projekt „um des schnöden Mammons willen" mitgetragen zu haben. „Dieser Zweifel führt zu einer weitgehenden Enthaltsamkeit der Unternehmen, wie die Studie ‚Wirtschaft als Kulturförderer' des Kulturkreises im Bundesverband der Deutschen Industrie e.V. ermittelte" (Bickmann 1991, 59). Auch der Bezug zwischen Unternehmen und gesponsertem Projekt ist nicht immer vorhanden. Glaubwürdiger wirkt die Unterstützung eines japanischen Unternehmens, das die Konzertreise eines japanischen Orchesters in Deutschland sponsert, um einer aufkeimenden Japan-Feindlichkeit zu begegnen. Ein weiteres Problem ist die mangelnde Professionalität. Die Einbindung der Kulturprojekte in die Kommunikationsinstrumente der Unternehmen findet häufig nicht statt. Das Projekt bleibt „außen vor". Die KünstlerInnen stehen zudem vor der Schwierigkeit, daß sie die Gespräche mit den Unternehmen meist allein führen müssen und dabei unterschiedliche Mentalitäten und Einstellungen aufeinanderprallen.

(3) Öko-Sponsoring

„Rund 100 Millionen DM wendete die deutsche Wirtschaft im vergangenen Jahr auf, um Umweltschutzorganisationen oder ökologische Einzelprojekte zu unterstützen" (Badische Zeitung 1992c). Öko-Sponsoring soll aus Unternehmenssicht mehr als eine finanzielle Förderung sein: Die Wirtschaft will damit dokumentieren, daß sie ihre gesellschaftliche Verantwortung für die Umwelt wahrnimmt. Die Wirtschaft bevorzugt dabei gezielte, zeitlich begrenzte Einzelprojekte. Voraussetzung für ein Öko-Sponsoring ist, daß beispielsweise die unterstützte Umweltschutzorganisation ein positives Image und einen großen Bekanntheitsgrad hat. Beim Öko-Sponsoring müssen sich die Unternehmen mit dem inhaltlichen Anliegen der Gesponserten auseinandersetzen, damit ihr Engagement glaubhaft ist. Die Firma „IBM Deutschland" formuliert dieses Erfordernis so: „Man sponsert hier nicht ungestraft. Erst einmal prüfen, wie weit man den Kopf aus dem Fenster strecken kann" (Frankfurter Allgemeine Zeitung 1990). Gibt sich ein Unternehmen einen „grünen Anstrich", dann muß es bereit sein, diesem Anspruch intern auch gerecht zu werden. Oftmals sind es dann MitarbeiterInnen oder KundInnen, die innerhalb eines solchen Unternehmens entsprechenden Druck ausüben, wenn etwa Plastikbecher und Getränkedosen in einer sich ökologisch gebärdenden Firma von den ArbeitnehmerInnen nicht mehr akzeptiert werden. Unternehmen, die sich finanziell für den Umweltbereich engagieren, dort aber auch „Schwachstellen" haben, bieten eine breite Angriffsfläche für Kritik aus der Öffentlichkeit. Sie laufen damit Gefahr, der Doppelmoral oder der Feigenblattstrategie bezichtigt zu werden.

> Der Automobilhersteller „Mercedes Benz" möchte sich wegen des umweltschädigenden Images des Autos im Umweltschutz als Musterschüler gerieren. Das vor einigen Jahren in Rastatt errichtete Werk wurde in Zusammenarbeit mit Ökologen erstellt. Doch die Luxus-Limousinen der S-Klasse mit ihrem enormen Benzinverbrauch sind nicht gerade als ökologisch vorbildlich zu bezeichnen.
> Die Umweltschutzorganisationen schießen ebenfalls ein Eigentor, wenn sie von einem Unternehmen gesponsert werden, das als Umweltsünder bekannt ist. „Greenpeace" lehnt deshalb jedes Sponsorship mit der Industrie ab, weil sie den Firmen keine „weiße Weste" verschaffen will.

Der „World Wide Fund for Nature" (WWF) ist da unbekümmerter und kassiert jährlich 3 Mio DM an Firmengeldern, beispielsweise vom „Otto-Versand", von „IBM", „Opel", der „Deutschen Bank" den „Allgemeinen Ortskrankenkassen" u.a. (Badische Zeitung 1992c). Bei ihnen ist das Logo des WWF, der Panda-Bär, besonders beliebt, das als Gegenleistung an die Sponsoren für Werbezwecke vergeben wird.

Die Zeitschrift „Öko-Test" ging, um in deutscher Sprache das „World Watch Magazin" herausgeben zu können, eine Sponsoring-Partnerschaft mit der „Schering AG" ein. Die öffentlichen Reaktion waren heftig. Dem Pharma-Konzern wird vorgeworfen, gefährliche Pestizide und umstrittene Empfängnisverhütungsmittel in die sogenannte Dritte Welt zu exportieren (Frankfurter Rundschau 1992b).

Öko-Sponsoring ist umstritten, seit es praktiziert wird. Denn die Öko-Projekte unterstützenden Firmen geraten schnell in Glaubwürdigkeitslücken, wenn ihnen ökologisches Fehlverhalten nachgewiesen werden kann. Wird solches Fehlverhalten medienwirksam aufbereitet, dann muß das Unternehmen möglicherweise damit rechnen, einen gegenteiligen Effekt zu erzielen; auch der gesponserten Organisation kann eine solche Entwicklung nicht willkommen sein.

(4) Sozial-Sponsoring

Der Bereich des Sozial-Sponsorings führt in Deutschland noch ein Schattendasein. Der Anteil des Sozial-Sponsorings am Gesamtvolumen des Sponsorings liegt laut Bernd Labetzsch (1992), Ansprechpartner für Sponsoring bei der Bank für Sozialwirtschaft, bei etwa 12 Prozent. Manfred Bruhn und Rudolf Mehlinger (1992) hingegen schätzen, daß Sozio- und Umwelt-Sponsoring zusammen gerade fünf Prozent erreichen, das heißt ca. 50 bis 200 Mio DM pro Jahr (Gesterkamp 1992; Tarneden 1992). Für die 90er Jahre werden gerade in diesem Bereich erhebliche Zuwachsraten erwartet. Allerdings dürfte die gegenwärtige Rezession diesen Trend zumindest verzögern.

Der Begriff „social sponsoring" stammt aus den USA. Dort erhielten Sozialorganisationen immer schon vergleichsweise geringe staatliche Zuschüsse – eine Situation, die durch die „Reaganomics" in den 80er Jahren noch verschärft wurde. Die finanzielle Not der sozialen Organisationen machte die Sozialarbeit erfinderisch. SOS hieß nicht mehr „save our souls", sondern „save our society" (Mauerer 1992).

Bleibt zu fragen: „Steht uns nach Coca Cola, Rock'n Roll und Fastfood mit Sozial-Sponsoring wieder der unaufhaltsame Siegeszug einer amerikanischen Errungenschaft ins bundesdeutsche Haus?" (Hündgen 1992, 23). Auch in der Bundesrepublik werden gegenwärtig die Mittel der öffentlichen Hand eingefroren oder sogar reduziert. Daraus folgt für die sozialen Organisationen unausweichlich die Notwendigkeit, sich bisher unbekannte Geldquellen zu erschließen. Gleichzeitig erkennen Unternehmen, daß sie ihr öffentliches Ansehen verbessern können, indem sie Geld für eine „gute Sache" aufwenden.

> In Oberrimsingen bei Freiburg unterstützt „Daimler Benz" das Christophorus Jugendwerk mit Geld und Fahrzeugen für ein Projekt zum Wiederaufbau einer Pilgerherberge in Spanien (Weltbild 1992).
> Der Weltrotkreuztag des DRK in Saarbrücken wurde 1990 mit Sponsoring-Geldern des Automobilkonzerns „BMW" finanziert (Erbelding 1991).

Sozial-Sponsoring ist eine sehr sensible Zusammenarbeit zwischen Wirtschaft und Sozialarbeit. Ähnlich wie beim Öko-Sponsoring spielt die Glaubwürdigkeit eine zentrale Rolle. Mit der Frage „Lassen sich durch Kooperation mit Unternehmen neue Finanzierungsquellen erschließen?" ist deshalb immer auch das Problem aufgeworfen, ob Sozialorganisationen damit den „Ausverkauf von Idealen" betreiben. Zu diesen und zu allen anderen mit einem Sponsorship zusammenhängenden Fragen wissen die Unternehmen wie auch die sozialen Einrichtungen zu wenig über Ziel, Inhalt und Umsetzung von Sozial-Sponsoring. Zudem bestehen auf beiden Seiten oft Vorurteile, die eine Zusammenarbeit von vornherein unmöglich machen. Auf die Fragen, wo die Grenzen dieser Finanzierungsmöglichkeit liegen und welches Sozial-Sponsoring aus fachlichen und ethischen Gründen abzulehnen ist, wird in Kapitel 4 (S. 109 ff.) näher eingegangen.

1.1.3. Abgrenzung zu Mäzenatentum und Spende

Vom Sponsoring zu unterscheiden sind finanzielle Unterstützung zum einen durch Mäzenatentum und zum anderen durch Spenden.

(1) Mäzenatentum

Der im deutschen Sprachgebrauch verwendete Begriff „Mäzenatentum" (englisch: patronage) geht auf einen reichen Römer namens Gaius Clinius Maecenas (70–8 v.Chr.) zurück. Dieser war ein Freund und Berater des Kaisers Augustus und besonderer Gönner der bedeutendsten Dichter seiner Zeit: Horaz und Vergil.

> „Maezenas verstand es nicht nur, sein fürstliches Vermögen zu genießen, sondern auch als Grandseigneur von weitem Blick einen freigebigen und vornehmen Gebrauch davon zu machen und, was ja vor allem seinen

Ruhm bei der Nachwelt ausmacht, alle aufstrebenden Talente, Literaten, Dichter und Männer der Wissenschaft durch reiche Zuwendungen und auch durch das Gewicht seiner einflußreichen Persönlichkeit wie durch den ideellen Wert seiner Freundschaft zu fördern …" (Wissowa/Kroll, zit. nach Fohrbeck 1989, 39)

Ein Mäzen im eigentlichen Wortsinne hat altruistische, also selbstlose Motive für seine Förderung. Dieser Förderung gesellschaftlicher Aktivitäten liegen keine kommerziellen oder andere Absichten zugrunde. Der klassische Mäzen gibt seine Unterstützung auch dann, wenn sein Name nicht in Zusammenhang mit der Förderung gebracht wird. Aus diesem Grund sind viele finanziellen Unterstützungen „guter Taten" in der Öffentlichkeit unbekannt. Dieses „Inkognito" unterscheidet den Mäzen grundlegend vom Sponsor. Der Mäzen verzichtet bewußt darauf, über seine Unterstützung öffentlich zu sprechen. „Mäzenat schließt zwar imagefördernde Publizität nicht aus, ist jedoch nicht auf diese hin angelegt. In der Geschichte des Mäzenats ist gerade das Inkognito des Gönners ein wichtiges Merkmal" (Schürmann 1988, 296). Dennoch lassen sich die Motive von Mäzen und Sponsor nicht immer eindeutig trennen. Auch ein Mäzen kann mit seiner Förderung auf gesellschaftliche Erwartungen reagieren oder ein schlechtes Gewissen kompensieren wollen.

Im engeren Sinne ist ein Mäzen ein Mensch, der sich aus innerer Überzeugung für einen anderen Menschen engagiert. Zwischen beiden besteht häufig ein persönliches Verhältnis.

> „Bei aller Großzügigkeit der Förderer darf nicht unbesehen bleiben, daß die Unterstützung oftmals durch eine mehr oder weniger ausgeprägte Abhängigkeit gekennzeichnet war und letzten Endes nicht durchweg nach altruistischen Gesichtspunkten geschah." (Buhmke, zit. nach Hauser 1991, 19)

Mäzene im künstlerischen oder im sozialen Bereich hat es seit den Römern in der Geschichte des Abendlandes immer wieder gegeben:

> Mäzene waren neben Maecenas unter anderem Lorenzo der Prächtige, der in Florenz Botticelli und Michelangelo unterstützte, oder der Herzog von Sachsen, der Johann Wolfgang von Goethe förderte (Hauser 1991). Die Medici in Florenz, die Fugger in Augsburg und die Rothschilds in Paris sind Beispiele bekannter Kaufmannsfamilien, die sich für die Künste eingesetzt haben (Erdtmann 1989).
>
> In der Bundesrepublik sind die Hamburger Stifter Kurt A. Körber (Gründer von Seniorenheimen und Fachhochschulen, Kunst-Förderer, Stifter von Stipendien u.a.) und Alfred C. Toepfer (F.V.S.-Stiftungsgründer, Initiator des Naturschutzparks Lüneburger Heide u.a.) als typische Mäzene zu bezeichnen.

War der Mäzen vor dem 19. Jahrhundert meist Aristokrat, so ist im 19. und 20. Jahrhundert eine zunehmende Entwicklung zum institutionellen Mäzenatentum festzustellen (Hauser 1991; Fohrbeck 1989). Unternehmen und Stiftungen sind heute an die Stelle des traditionellen Mäzens getreten. Stiftungen, wie etwa die Robert-Bosch-Stiftung, sind dem Mäzenatentum dann zuzuordnen, wenn sie Geld langfristig einem bestimmten künstlerischen, ideellen oder sozialen Zweck zuführen.

Die Züricher Firma „Migros" gibt jährlich einen Betrag von nahezu 100 Mio Schweizer Franken für kulturelle und soziale Aufgaben aus (Bickmann 1991). In den Statuten zum sogenannten „Kulturprozent" steht in der These 10: „Das Allgemeininteresse muß höher gestellt werden als das Migros-Genossenschaftsinteresse. Wir müssen wachsender eigener materieller Macht stets noch größere soziale und kulturelle Leistungen zur Seite stellen" (ebd., 57).

Trotz der auch heute noch vorzufindenden selbstlosen Motive einzelner Förderer scheint die Einschätzung von Karla Anger in ihrer Studie über Sparkassen in der Rolle von Sponsoren zuzutreffen:

„Der Mäzen stirbt aus – hoch lebe der Sponsor! So ist man versucht auszurufen, wenn man hört und liest, daß Sponsoring zu einem vieldiskutierten Thema in der Kommunikationsbranche geworden ist. Sicherlich gibt es immer noch Mäzene, und gewiß können auch Sponsoren ein gutes Herz haben. Aber man muß von einer neuen und umfassenden Strategie ausgehen, wenn von Geldspenden und Förderungsmaßnahmen der Wirtschaft die Rede ist." (Anger, zit. nach Fohrbeck 1989, 47)

(2) Spendenwesen

Bereits die Bibel ermuntert zum Opfern und Almosengeben, wie beispielsweise in der Geschichte über die Witwe, die ihr letztes Scherflein beisteuert. Auch andere Religionen kennen die moralische Pflicht des Wohlhabenden, die Armen zu unterstützen. Bei Spenden handelt es sich um Förderungen, die im Bewußtsein gesellschaftlicher Verantwortung geleistet werden. In der Bundesrepublik Deutschland finanzieren sich gemeinnützige Organisationen, soziale oder kirchliche Vereinigungen sowie Parteien in nicht unerheblichem Umfang über Spenden. Auch eine Spende ist – jedenfalls in der Regel – eine Leistung, für die keine Gegenleistung des Unterstützten erwartet wird. Ähnlich wie der Mäzen wirkt ein/e SpenderIn meist im stillen. Allerdings kann beobachtet werden, daß eine Spende, etwa eine Ruhebank im Park o.ä., auf einer Informationstafel oder in der Zeitung als solche und auch mit Namens-

nennung genannt wird. Erbringt eine Sozialorganisation für eine Spende eine Gegenleistung, kann von einem „professionalisierten Spendenwesen" gesprochen werden (Orlowski/Wimmer 1992). Über eine Spende darf es allerdings keinen Vertrag geben. Eine eventuelle Gegenleistung des mit einer Spende Unterstützten bleibt deshalb immer Vertrauenssache. Eine Abgrenzung der Spende vom Sponsoring ist in einem solchen Falle kaum mehr möglich. Viele Unternehmen geben bei Befragungen zwar an, Sozial-Sponsoring zu betreiben. Doch meist verwenden sie lediglich den (überdies sehr modischen) Terminus „Sozial-Sponsoring", meinen aber das klassische Spendenwesen. Eine Spende ist ein Geschenk, Sponsoring ein Geschäft. Bei der Spende steht das Fördermotiv im Vordergrund. Aber auch die steuerlichen Vorteile bieten sowohl Privatpersonen als auch Unternehmen Anreiz, einen Spendenscheck auszustellen.
Wie oben dargestellt, steht beim Sponsoring für ein Unternehmen das Fördermotiv nicht an erster Stelle, weil ihnen der werbliche Nutzen oder die kommunikativen Ziele wichtiger sind.
Darüber hinaus kann die intensive Zusammenarbeit zwischen dem Sponsor und den Geförderten als ein Wesensmerkmal des Sponsorings bezeichnet werden. Beim Sponsoring wird die Medienwirkung systematisch geplant. Beim Spendenwesen findet eine Zusammenarbeit gar nicht, beim Mäzenatentum nur vereinzelt statt. Sowohl bei der Spende als auch beim Mäzenatentum sind gezielte Mediendarstellungen nicht beabsichtigt. Abbildung 2 (S. 23) zeigt die Abgrenzungen und Merkmale von Mäzenatentum, Spendenwesen und Sponsoring im Überblick.

1.2. SPONSORING ALS NEUER TREND

Das Mäzenatentum spielt heute in den Bereichen des Sports, der Kultur oder des Sozialen keine große Rolle mehr. Auch die Ergiebigkeit der Spendenmärkte stößt an ihre Grenzen. In dieser Situation erscheint Sponsoring für viele Organisationen als attraktive Möglichkeit, neue Finanzierungstöpfe zu öffnen.
Der bundesdeutsche Spendenmarkt ist nicht leicht zu durchschauen, da es keine zuverlässige Datenerfassung für Organisationen gibt, die Spenden einsammeln. In der Bundesrepublik Deutschland kommen jährlich etwa 4 Mrd DM als Spenden zusammen (Fäh/Ebersold/Zaugg 1991; Hanke 1992). Spenden – traditionell eine wesentliche Finanzierungsquelle für die Arbeit im sozialen Bereich – sind auch heute von großer Bedeutung, wenngleich sich Änderungen im Spendenverhalten abzeichnen:

„Es ist wohl an der Zeit, ein ganz neues Spendenbewußtsein zu entwikkeln. Der kirchliche Begriff der ‚milden Gabe‘, bis heute für viele untrennbar verbunden mit der Idee einer gottgefälligen und somit sündentilgenden Bedeutung, hat längst an Berechtigung verloren. Nicht Mildtätigkeit ist gefragt, wenn es um Spenden geht, sondern Verantwortungsbewußtsein, nicht Emotionen, sondern nüchterne Überlegung." (Mann/Bokatt 1985, 8)

Bei den Wohlfahrtsverbänden (Non-Profit-Unternehmen) werden deshalb Überlegungen angestellt, angesichts des enger werdenden Spendenmarkts sich mit modernen Marketing-Methoden, wie etwa dem Sponsoring, zu befassen, um ihre Einnahmen zu verbessern.

Abbildung 2: Merkmale von Mäzenatentum, Spendenwesen und Sponsoring:

Merkmale	Art der Förderung		
	Mäzenatentum	Spendenwesen	Sponsoring
Art des Geldgebers	Privatpersonen Stiftungen	Privatpersonen Unternehmen	Unternehmen
Motiv(e) der Förderung	ausschließlich Fördermotive (altruistisch)	Fördermotiv dominant eventuell Steuervorteile (Gemeinnutz)	Fördermotiv und Erreichung von Kommunikationszielen (Eigennutz)
Zusammenarbeit mit Geförderten	teilweise (über Förderbereich)	nein	ja (Durchführung von Sponsorships)
Medienwirkung	nein (eher privat)	kaum	ja (öffentlich)
Einsatz im Bereich Sport	sehr selten	selten	dominant
Einsatz im Bereich Kultur	dominant	häufig	selten
Einsatz im Bereich Umwelt	sehr selten	häufig	selten
Einsatz im sozialen Bereich	häufig	dominant	sehr selten
Entscheidungsträger im Unternehmen	Unternehmer	Finanzwesen	Vorstand, Public Relations, Marketing, Werbung

Quelle: Bruhn/Mehlinger 1992, 4

Der Spendenkuchen wird heute nicht mehr nur unter den großen Wohlfahrtsverbänden aufgeteilt, sondern viele Trägervereine bemühen sich um gespendetes Geld. „Wenn der Kampf um das soziale Gewissen der Bundesbürger härter wird, liegt das zu einem guten Teil an den wirksamen Werbemethoden, die heute jedem Verein offenstehen" (Hanke 1992).

Auch in der Wirtschaft – permanent nach neuen Wettbewerbsvorteilen suchend – gibt es eine Tendenz weg von der Spende hin zum Sponsoring. Zumindest sind viele Unternehmen dazu übergegangen, eigene Kriterien und Prioritäten zur Vergabe von Spenden festzulegen. Daneben ist zu beobachten, daß Fördermittel der Wirtschaft nicht länger im Verborgenen gegeben werden, sondern daß dies öffentlich geschieht. „In einer solchen Situation erhält auch klassisches Spenden den Charakter des Sponsorings, da sich Zielgruppen über die Verknüpfung der Förderung mit Unternehmenszielen bewußt werden" (Bruhn 1990a, 21).

Das Sponsoring als Kommunikationsinstrument der Unternehmen hat verschiedene Entwicklungsstufen durchlaufen und geht in seinen Wurzeln auf verschiedene Ursprünge zurück. Der Ursprung besonders des Sozial-Sponsorings liegt im Spendenwesen, andererseits ist das Sponsoring besonders im Sportbereich aus der Werbung hervorgegangen. In den 60er Jahren galt die Bandenwerbung im Sport bei Fernsehübertragungen noch als „Schleichwerbung". In den 70er Jahren expandierte die Sportwerbung und mündete Anfang der 80er Jahre in ein professionelles Sport-Sponsoring. Zunächst lediglich auf den Sport beschränkt, ist das Sponsoring seit Beginn der 90er Jahre in steigendem Maße auch im Bereich „Kultur und Soziales" zu verzeichnen (Bruhn 1991).

> „Begleitet war dieser Prozeß von einer ungewöhnlichen öffentlichen Aufmerksamkeit. Eine Vielzahl von Sendungen in Hörfunk und Fernsehen, auch Beiträge in Magazinen und der Fachpresse, beschäftigen sich seit dieser Zeit (Anfang der 80er Jahre; K.S.) – durchaus auch kritisch – mit dem Sponsoring. Die Gesellschaft akzeptiert heute offenbar mehr und mehr bzw. fordert sogar, daß sich die Wirtschaft über ihre primäre Aufgabe hinaus an Problemlösungen anderer gesellschaftlicher Felder beteiligt, auch wenn dies nach dem marktwirtschaftlichen Prinzip von Leistung und Gegenleistung geschieht." (Hermanns/Püttmann 1991, 702)

Eine solche rein marktwirtschaftliche Betrachtungsweise widerspricht dem gängigen Selbstverständnis der Sozialarbeit/Sozialpädagogik. Kritiker befürchten, daß beim Sponsoring gemeinnützige Sozialorganisationen für Werbezwecke mißbraucht werden, die

Wünsche des Sponsors akzeptieren müssen und ihre Glaubwürdigkeit verlieren (siehe Kapitel 4, S. 109 ff.).

1.3. Blick über die Grenzen

Die gezielte Förderung von sportlichen, kulturellen und sozialen Aktivitäten durch Unternehmen hat in den USA, in Großbritannien, in Japan, in den Niederlanden und in der Schweiz bereits eine Tradition. In Deutschland dagegen bestand im Zuge der Ausgestaltung des Sozialstaats gesellschaftlicher Konsens darüber, daß die Lösung sozialer Probleme bzw. deren Finanzierung eine Aufgabe des Staates ist. Nach Einschätzung von Manfred Bruhn (1991) wird die privatwirtschaftliche Förderung sozialer Projekte in Zukunft auch hierzulande zunehmen, wenngleich sie nicht das Ausmaß wie in den USA erreichen wird.

(1) In den USA ist das „social sponsoring" weit selbstverständlicher als in Deutschland. „Sich um gesellschaftliche Randgruppen zu kümmern, gilt dort weniger als öffentliche denn als Privataufgabe" (Gesterkamp 1992, 16). Der Sozialetat der amerikanischen Kommunen oder Bundesstaaten ist wesentlich knapper bemessen. Die USA verfügen über kein vergleichbares System der sozialen Sicherheit. Die Non-Profit-Organisationen[2] in Amerika müssen deshalb sich selbst um die Finanzierung ihrer Arbeit bemühen, etwa dadurch, daß sie an die Wirtschaft herantreten, um an Geld zu kommen. Das Sponsoring von Gesundheitseinrichtungen oder von Hochschulen ist in den USA weit verbreitet.

> „Die amerikanische Industrie hat den hohen Prestigewert eines sozialen Engagements begriffen – und zeigt deutlich weniger Berührungsängste: Die Autofirma „Buick" zum Beispiel kümmert sich um geistig Behinderte, der Getränkemulti „Coca-Cola" veranstaltet unter dem Motto ‚Hard-Rock-Cafe' eine Kampagne für Obdachlose, der Konservenproduzent Heinz versorgt Krankenhäuser mit Babynahrung, Fast Food-Anbieter Burger King unterstützt die Opfer des letzten Erdbebens in San Francisco." (Gesterkamp 1992, 16)

„Gutes zu tun" ist für viele AmerikanerInnen nicht mehr nur eine Option, sondern ein Muß. Das jedenfalls stellt die amerikanische Trendforscherin Faith Popcorn in ihrem Trend-Report für die kommenden Jahre fest (1992). Gerade weil Amerika seit den 90er Jahren

---

[2] Oder: nicht-kommerzielle Organisationen, d.h. soziale Organisationen, die keinen Gewinn erzielen.

in einer tiefen Wirtschafts- und Identitätskrise steckt, propagieren Philosophen und Sozialwissenschaftler die Abkehr von der ungezügelten Gier nach Geld und fordern die Rückkehr zu moralischen Werten, wie etwa zur Orientierung am Gemeinwohl. Die „Communitarians" („Gemeinschaftler") wollen der Wirtschaftswissenschaft einen neuen sozialen und moralischen Unterbau geben (Piper 1992). Faith Popcorn drückt das so aus: „Die Belange der Nation müssen zu Belangen der Unternehmen werden" (1992, 123).

(2) Japanische Firmen setzen das Sponsoring besonders zur Steigerung ihres Bekanntheitsgrades ein. Die Fotoausrüster-Firma „Canon" beispielsweise konnte durch langjähriges Titel-Sponsorship der englischen Fußballdivision, der sogenannten „Canon-League", seinen Bekanntheitsgrad in Großbritannien von 19 Prozent auf 85 Prozent steigern (Erdtmann 1989).

(3) In den Niederlanden ist das Krankenhaus-Sponsoring weit verbreitet. Fast die Hälfte der allgemeinen Krankenhäuser hat dort bereits Erfahrungen mit Sponsoring gesammelt. Weil besonders bereitwillige Förderer der pharmazeutischen Industrie sowie Hersteller medizinischer Apparate in die Krankenhäuser drängen, erarbeitet das „Nationale-Krankenhaus-Institut" derzeit Verhaltensregeln für das Sponsoring. Der niederländische „Konsumentenbund" befürchtet sogar, daß bei zunehmendem Sponsoring der Staat sich noch weiter aus seiner Verantwortung und seinen Verpflichtungen für das Gesundheitswesen zurückziehen könnte (Labetzsch 1992).

2. Sozial-Sponsoring – Firmen fördern „gute Taten"

Die finanzielle Absicherung Sozialer Arbeit beherrscht zunehmend die öffentliche Diskussion. Angesichts leerer Kassen bei Bund, Ländern und Kommunen müssen sich die Träger sozialer Dienste um neue Einnahmequellen bemühen. Sponsoring kann eine solche Geldressource sein (Abschnitt 2.1.). Mit dem Sponsoring betreten Sozialorganisationen ein neues Terrain: den Markt. Um mit der Privatwirtschaft ins Geschäft zu kommen, ist es zunächst nötig, die Gesetze des Marktes zu kennen. Die Sozialorganisationen sind Non-Profit-Dienstleistungsunternehmen, die ihr positives Image auf dem Markt anbieten können. Das wiederum setzt eine professionelle Öffentlichkeitsarbeit voraus; anders läßt sich eine Nachfrage in den Marketing-Abteilungen der Firmen nicht wecken. In diesem Sinne handeln zwei Abschnitte von den Motiven der Sponsoren und Gesponserten im sozialen Bereich (Abschnitt 2.2.) und den Voraussetzungen eines Sponsorships (Abschnitt 2.3.). Wer ein Sozial-Sponsoring wagt, sollte immer auch mit den steuerlichen Folgen rechnen und die einschlägigen Rechtsgrundlagen kennen (Abschnitt 2.4.). Die Vermittlung eines Sponsorings und die Beratung dazu lassen sich auch als Dienstleistungen kaufen: spezialisierte Agenturen kann man mit der Anbahnung eines Sponsorships betrauen (Abschnitt 2.5.).

2.1. Was ist Sozial-Sponsoring?

Die Definition und die Kennzeichen des Begriffs „Sponsoring" aus Kapitel 1 (S. 11 ff.) kann nicht ohne weiteres auf den sozialen Bereich übertragen werden. Im Unterschied zum klassischen Sponsoring dominiert beim Sozial-Sponsoring der Fördergedanke. Gleichwohl ist auch beim Sozial-Sponsoring verlangt, daß die gesponserten Projekte eine werbewirksame Ausstrahlung haben („kommunikative Funktion"). Eine Firma sponsert nicht uneigennützig; ihre „gute Tat" muß sich lohnen. Für den Marketing-Experten Manfred Bruhn bedeutet Sozial-Sponsoring

> „die Verbesserung der Aufgabenerfüllung im sozialen Bereich durch die Bereitstellung von Geld-/Sachmitteln oder Dienstleistungen durch Unternehmen, die damit auch (direkt oder indirekt) Wirkungen für ihre Unternehmenskultur und -kommunikation erzielen wollen" (Bruhn 1990b, 14).

Diese Definition erfolgte aus Unternehmenssicht: Die Privatwirtschaft erwartet für ihr Geld eine Gegenleistung von der Sozialeinrichtung, die sich auf das Unternehmen positiv auswirkt. Wie dies im Einzelfall aussehen soll, ist Gegenstand der Verhandlungen zwischen den Geschäftspartnern (siehe Abschnitt 3.1.4., S. 82ff.). Wie dabei die „Verbesserung der Aufgabenerfüllung im sozialen Bereich" erfolgen kann, ist hingegen ausschließlich Sache der Geförderten. Sie müssen deshalb die Ziele ihrer Arbeit deutlich machen und ein entsprechendes Projekt vorschlagen. Bei der Ausgestaltung der gesponserten Sozialen Arbeit hat der Sponsor kein Mitspracherecht.

2.1.1. Beteiligte am Sozial-Sponsoring

Die Lösung sozialer Probleme ist in der Bundesrepublik Deutschland aufgrund des Sozialstaatsprinzips Aufgabe des Staates und der Politik. Kirchen und Wohlfahrtsverbände nehmen zwar nach dem Subsidiaritätsprinzip soziale Aufgaben wahr, wie zum Beispiel den Betrieb von Kindergärten oder Altenheimen. Doch sowohl Personal- als auch Baukosten privater Einrichtungs- oder Maßnahmenträger werden größtenteils über staatliche oder kommunale Zuschüsse finanziert. Derzeit ist bei freien Trägern die Tendenz zu beobachten, ihren eigenen Anteil an der Aufbringung der Kosten zu verringern. Die Kirchen klagen über sinkende Einnahmen aus Kirchensteuern, die Wohlfahrtsverbände verzeichnen stagnierende Mitgliedsbeiträge und Spenden bei steigenden Kosten. Kein Wunder also, daß die Sozialarbeit immer häufiger an ihre Grenzen stößt.
Diese Lücke finanziell zu füllen, stellt für die Wirtschaft eine Chance dar:

> „Einerseits besteht für sie die Möglichkeit, ihr vielzitiertes Selbstverständnis von gesellschaftspolitischem und sozialem Verantwortungsbewußtsein unter Beweis zu stellen, andererseits kann ihr Engagement in diesen Bereichen als zukunftsorientierte Herausforderung und als Anpassung an neue politische, technische und soziale Verhältnisse verstanden werden." (Güttinger, zit. nach Hauser 1991, 62)

Das Bekenntnis von Unternehmen zur Lösung humanitärer Aufgaben und der Dialog mit sozialen Zielgruppen können für die Firma eine innovative Wirkung auf ihren Markt-Nutzen haben. Die Sponsoring-Aktivitäten eines Unternehmens können als Marketinginstrument bei der Werbung, der Verkaufsförderung und der Öffentlichkeitsarbeit eingebunden werden.
Der Sponsor stellt als seine Leistung Fördermittel für ein bestimmtes soziales Projekt (nicht für laufende Kosten) zur Verfügung und erhält

als Gegenleistung meist die Möglichkeit, diese Unterstützung medienwirksam darzustellen und an dem Image der Sozialorganisation teilzuhaben („Imagetransfer"). Außerdem gewährt der Staat dem Unternehmen steuerliche Vergünstigungen.
Beteiligte beim Sozial-Sponsoring sind also die nicht-kommerziellen Organisationen, die *Gesponserten*, und die Unternehmen, die *Sponsoren*, sowie als „passive Elemente" die *Massenmedien* als Multiplikatoren und der *Staat* als Gesetzgeber. Daneben können auch Agenturen als Vermittler und Berater eines Sponsorships in Erscheinung treten.
Im sozialen Bereich spielt das Sponsoring als Finanzierungsmöglichkeit für nicht-kommerzielle Organisationen noch eine marginale Rolle. Entsprechend gering sind noch die Budgetausgaben der Unternehmen in diesem Bereich.

2.1.2. Beispiele für Sozial-Sponsoring

Vor einem Jahrzehnt sorgte ein Sozial-Sponsoring(-versuch) von *„McDonald's"* für Furore:

> „McDonald's hatte die mildtätige Masche schon vor Jahren entdeckt: 1981 erfanden die Hackfleisch-Brater den ‚McHappyTag', an dem der ‚Big Mäc' zum Sonderpreis von zwei Mark über den Tresen und der Erlös ans Deutsche Kinderhilfswerk gehen sollte" (DER SPIEGEL 19/89, 87).
> Diese Aktion wurde vom Bundesgerichtshof (BGH) als „unlauter" untersagt, da sie „Teil eines zielgerichteten, planmäßigen Werbeverhaltens der McDonald's-Gruppe" darstelle, mit der die „soziale Hilfsbereitschaft der Verbraucher ausgenutzt wird" (ebd., 87). Die BGH-Entscheidung vom 12. März 1987 geht davon aus, daß es sich um eine Werbemaßnahme handle, die dem allgemeinen Unternehmensziel der Umsatzsteigerung und Gewinnerzielung diene. Diese Werbung sollte – nach Meinung das Gerichts – auf das Restaurant aufmerksam machen und ihm ein positives Image verleihen. Das BGH hält es für entscheidend, daß diese Sponsoring-Werbung in keinem sachlichen Zusammenhang mit dem umworbenen Angebot stehe. „Die Kunden würden vielmehr aus sachfremden Erwägungen, nämlich zum Zwecke der Wohltätigkeit, zu dem Restaurantbesuch veranlaßt" (Federhoff-Rink 1992, 648). Das soziale Engagement eines Unternehmens darf also nicht von der Kaufentscheidung der VerbraucherInnen abhängig sein.
> Daraufhin gründete „McDonald's" ein eigenes unabhängiges Unternehmen, die „Ronald McDonald Kinderhilfe". Sie unterhält Heime für Eltern krebskranker Kinder in Kiel und Gießen. Prominente, wie ZDF-Chefreporter Dieter Kürten, vermarkten die Kinderhilfe professionell.

Die deutschen Ableger amerikanischer Konzerne sind die aktivsten Sozial-Sponsoren. So engagiert sich auch der Computerkonzern

„*IBM-Deutschland*" schwerpunktmäßig in sozialen Projekten; dieses Beispiel soll im folgenden kurz skizziert werden:

> Für Sehbehinderte wurde von „IBM" eine Apparatur entwickelt, mit dessen Hilfe Blinde auf Computermonitoren lesen können. Mit einem sogenannten „Secondment-Programm" („to second" – helfen, unterstützen) werden eigene MitarbeiterInnen an gemeinnützige Einrichtungen ausgeliehen. Sie werden von „IBM" freigestellt, bezahlt und stellen ihr Knowhow, beispielsweise als ManagerIn, für einen Zeitraum von sechs Monaten bis drei Jahren der Einrichtung zur Verfügung.
>
> „Mit traditionellem Sponsoring können die Unternehmen zwar öffentlich kundtun, ein gutes Werk getan zu haben; Secondments aber, so zumindest die Theorie der Kommunikationsberater, machen aus der Einbahn- eine Zweibahnstraße: Die in der ‚Non-Profit-Welt' gesammelten Erfahrungen sollen die ausgeliehenen Fachkräfte nach ihrer Rückkehr zum Wohle der Firmenbilanz in das eigene Unternehmen einbringen" (Gesterkamp 1992, 16).
>
> Bevor „IBM" ein soziales Projekt unterstützt, wird dieses für den Entscheidungsprozeß vom Unternehmen nach bestimmte Kriterien „abgeklopft" (siehe Abschnitt 3.2.3., S. 98 ff.).
>
> In Hochglanzbroschüren wird die Arbeit der „Secondees" in den Bereichen „Umweltschutz", „Ausbildung" und „Behindertenhilfe" dargestellt. 1984 startete ein Mitarbeiter auf eigene Initiative ein Projekt für blinde Rudersportler in Tübingen. „IBM" versteht dieses Programm als „Hilfe zur Selbsthilfe", d.h. „IBM" will nicht nur spenden, sondern Kenntnisse und Erfahrungen weitergeben unter der Bedingung, daß der jeweilige Vertragspartner das Projekt weiterführt.
>
> Der Computerriese schickt nicht nur MitarbeiterInnen zu Behinderteneinrichtungen, sondern kauft dort auch ein. Im Jahr 1990 beliefen sich diese Waren und Dienstleistungen 9,3 Mio DM (Frankfurter Allgemeine Zeitung 1991).
>
> Dies alles sind Leistungen, die das Unternehmen für ein Sponsoring einbringt. Als Gegenleistung von den sozialen Einrichtungen erhofft sich „IBM" mit seinem Engagement ein positives Image in der Öffentlichkeit, d.h. die Medien sollen über das Engagement berichten.
>
> „Es ist nicht Altruismus, nicht pure Selbstlosigkeit, sondern das Streben nach gesellschaftlicher Legitimation, das die „IBM" dazu bringt, solche und andere Förderprogramme zu verwirklichen", beschreibt Werner Zorn (IBM 1990, 5), Leiter des Secondment-Programms, den Fördergedanken des Konzerns. Das Sozial-Sponsoring der Firma kommt auch bei den Beschäftigten gut an; dadurch wird die interne und externe Firmenphilosophie gepflegt (siehe auch Abschnitt 2.2.2., S. 41 ff.). 1 Mio Mark läßt sich der Computerkonzern dieses Programm jährlich kosten (Gesterkamp 1992). Jedoch hat „IBM" Ende 1993, aufgrund der wirtschaftlichen Rezession, sein Secondment-Programm von zwölf auf sechs MitarbeiterInnen reduziert.

So ehrenwert ein solches Sponsorship auf den ersten Blick aussieht, so drängen sich doch einige Fragen auf:

Warum erfüllt „IBM" nicht die gesetzlich vorgeschriebene Quote von behinderten Beschäftigten (2,6% statt 6%; DER SPIEGEL 19/89)? Ist das Behindertenprogramm nur ein Alibi? Auf meine Anfrage bei „IBM" konnte oder wollte eine „IBM"-Mitarbeiterin darauf keine Antwort geben; sie verwies auf die gesicherten Arbeitsplätze in den von „IBM" unterstützten Behinderten-Werkstätten und betonte, daß die angefangenen Secondment-Programme auch bis zu Ende durchgeführt werden, trotz wirtschaftlicher Stagnation. Ein anderer Vorwurf lautet, „IBM" mißbrauche seine Secondments als Vorruhestandsregelung. Fast sämtliche „Secondees" sind zwischen 50 und 60 Jahre alt. Nur die einzige Frau unter den „Secondees" ist mit 35 Jahren wesentlich jünger (zum Thema „Glaubwürdigkeit" siehe auch Kapitel 4, S. 109ff.).

Ein weiteres Beispiel, ein gelungenes Sponsorship, ist das zwischen dem *Kinder- und Jugendtelefon des Kinderschutzbundes* und dem *Bekleidungsunternehmen „C&A Brennikmeyer KG"*, das im folgenden etwas ausführlicher dargestellt werden soll:

Sechs Monate vor ihrem 10jährigen Bestehen trat im April 1990 die „Bundesarbeitsgemeinschaft der Kinder- und Jugendtelefone" an die auf Sozial-Sponsoring spezialisierte Kölner Agentur „Neues Handeln" heran, weil sie – wie fast alle sozialen Organisationen – mit dem Problem kämpfte, daß das Geld kaum für die laufende Arbeit reichte und somit kein Spielraum für werbende Aktivitäten blieb. Den ehrenamtlich Tätigen fehlten das Know-how und die finanziellen Mittel, ihre Organisation in der Öffentlichkeit zu präsentieren.

Ziel der Zusammenarbeit war es, den Bekanntheitsgrad der Sorgentelefone bei Kindern und Jugendlichen zu erhöhen, Unterstützung und Werbemittel für die 50 örtlichen Telefone zu erhalten und diese Werbemaßnahme durch ein Sponsoring zu finanzieren (Friese/Nafroth 1991). Bildmotive für die Werbekampagne lagen von einem Wettbewerb der Fachhochschule „Design" in Köln vor. Diese Überlegungen flossen in den planerischen Entscheidungsprozeß mit ein.

Mit Hilfe der Agentur wurde ein Image konzipiert: „Die Nummer gegen Kummer" (bundesweit dieselbe Telefonnummer). Auch die Grafiken für die PR-Aktion wurden mit ihrer Unterstützung ausgewählt. Damit wurde neben dem planerischen Entscheidungsprozeß auch das Merkmal „kommunikative Funktion" erfüllt (siehe Abschnitt 1.1.1., S. 12ff.). Das gemeinsam ausgearbeitete Projekt ließ sich öffentlichkeitswirksam darstellen und war deshalb für das Unternehmen gut zu vermarkten und diente gleichzeitig den Zielen des Projektträgers.

Nachdem Kriterien für einen möglichen Sponsor festgelegt waren, trat die Agentur mit einem Exposé und einem genauen Etatplan an einige Unternehmen heran. Das Bekleidungshaus „C&A" signalisierte bald Interesse, die Werbekampagne zu finanzieren und dachte zunächst – wie bisher hausintern üblich – an eine Spende. Die Agentur überzeugte das Unternehmen, ihre Förderung öffentlich mit einem Sozial-Sponsoring zu dokumentieren und somit als Vorbild für andere Firmen zu dienen.

Die Leistung der Handelskette bestand zunächst darin, sich mit einem sechsstelligen Betrag an den Werbekosten des Kinderschutzbundes zu beteiligen. Als Gegenleistung ist „C&A" auf den Drucksachen der Kinder- und Jugendtelefone mit seinem Logo erwähnt: „Ermöglicht mit Hilfe von C&A" steht unten kleingedruckt (siehe Abbildung 3).

Für die Medienkampagne wurden 200 Redaktionen telefonisch und schriftlich angesprochen, die Seitenscheiben von Bussen und Straßenbahnen wurden mit Plakaten beklebt, Informationsmaterial und Lesezeichen in Schulen und Bibliotheken verteilt und Plakate in den Postämtern ausgehängt.

Die Ergebnisse dieser Aktion können sich sehen lassen: 1,4 Mio Drucksachen wurden verteilt, die Zahl der anrufenden Kinder und Jugendlichen hat zwischen 55% in Frankfurt und 300% in Mönchengladbach

Abbildung 3: Motive der Werbekampagne für das Kinder- und Jugendtelefon mit dem Hinweis auf den Sponsor: „Ermöglicht mit Hilfe von C&A"

zugenommen; Anfragen zur Neugründung von Telefonen gab es aus fünf weiteren Städten (Friese/Nafroth 1991).

Die enorme bundesweite Medienresonanz mit zahlreichen Interviews, Artikeln, Radio- und Fernsehbeiträgen veranlaßte „C&A", die zunächst als Pilot-Kampagne begonnene Zusammenarbeit fortzusetzen.

Als weiteres Beispiel sei ein Projekt zwischen dem *Jugendwerk Oberrimsingen* bei Freiburg und dem *Automobilkonzern „Daimler Benz"* vorgestellt – ein Sozial-Sponsoring, das für den Einrichtungsträger, den Diözesan-Caritasverband Freiburg das erste dieser Art war:

„Daimler Benz" förderte von 1991 bis 1993 ein erlebnispädagogisches Projekt des Christophorus Jugendwerks der Caritas. Dieses Heim arbeitet mit 65 internen und externen männlichen Jugendlichen, die besondere Hilfe brauchen, weil sie z.B. delinquent geworden sind. Die soziale Einrichtung bietet schulische und berufliche Ausbildung sowie andere individuelle Angebote zur pädagogischen Förderung der heranwachsenden Jugendlichen.

Der Kontakt mit dem Unternehmen kam durch persönliche Beziehungen zustande. Der Konzern zeigte Interesse, eine soziale Organisation zu sponsern und dies mit einem kulturellen Projekt zu verbinden. „Daimler Benz" unterstützte zur selben Zeit eine kulturelle Fotoausstellung über den St. Jakobsweg, einen traditionellen Pilgerweg in Nord-Spanien.

Die Verhandlungen zwischen dem Rektor des Jugendwerks und der Daimler Holding dauerten ein Jahr. Das Ergebnis war ein zweijähriges Sponsorship (1991, 1992) mit finanziellen Zuwendungen des Unternehmens in Höhe von jeweils 25.000 DM. Das Projekt „Camino de Santiago" verband die Restaurierung einer Pilgerherberge aus dem 17. Jahrhundert auf dem St. Jakobsweg (in der katalanischen Hochebene Spaniens, direkt am „Camino de Santiago" gelegen) mit der Erfahrung des Pilgerns. Das Projekt stand unter dem Motto „Der Weg ist das Ziel". Die mit dem Vorhaben verbundene Absicht seitens des Jugendwerks bestand darin, die Jugendlichen, die sich selbst auf einem schwierigen Weg befinden, in soziale Zusammenhänge einzubinden: „In der Aufgabe ‚für andere' etwas zu errichten, werden soziale Leistungen eingefordert, die nicht einfach selbstverständlich sind. Auch hier bewegen wir uns im Projekt sehr nahe an der Geschichte des ‚Weges', denn auch früher hat es Gemeinschaften gegeben, die sich der Pflege des Weges und dem Bau von Herbergen, Brücken etc. gewidmet haben" (Christophorus Jugendwerk o.J.).

„Daimler Benz" stellte außer der finanziellen Unterstützung zwei Fahrzeuge für je neun Personen (Jugendliche, pädagogisch/handwerkliche MitarbeiterInnen) für den Transport nach/von Spanien zur Verfügung.

Die kommunikative Funktion des Sponsorings wurde mithilfe eines Prospektes wahrgenommen, in dem die Zusammenarbeit mit „Daimler Benz" erwähnt wurde. Als weitere Gegenleistung des Jugendwerks für das Sponsoring wurde auf den Fahrzeugen der Schriftzug „Daimler Benz und das Christophorus Jugendwerk in partnerschaftlicher Zusammenarbeit für den Jakobsweg" angebracht (siehe Abbildung 4). Darüber hinaus ist vertraglich vereinbart worden, daß der Sponsor in allen Veröffentlichungen des Jugendwerks (Presseberichte, Film) positiv erwähnt wird. Dieses Projekt ist Teil der Bemühungen von „Daimler Benz", sein Image in der Öffentlichkeit zu verbessern.

Über das Projekt „St. Jakobsweg" drehten StudentInnen der Universität Tübingen (Medienabteilung) einen Film, den SAT 1 am 10. Dezember 1991 ausstrahlte; die Einschaltquote betrug 1 Mio ZuschauerInnen. Finanziert wurde der Film ebenfalls von „Daimler Benz".

Nicht zuletzt aufgrund der erheblichen Medienresonanz hat der schwäbische Autokonzern seine Förderung um ein drittes Jahr (1993) verlängert. Der Abteilungsdirektor für Öffentlichkeitsarbeit und Verhandlungsführer für soziale Projekte bei „Daimler Benz", Peter A. Philipp, sagte in diesem Film: „Die Geförderten sollen einverstanden sein und sich freuen. Für ‚Daimler Benz' ist das positive Erscheinungsbild in der Öffentlichkeit wichtig".

Auch das Jugendwerk spricht von einer erfolgreichen Partnerschaft mit dem Konzern und denkt schon an eine neue Zusammenarbeit: Im Konzentrationslager Auschwitz/Birkenau soll von den Jugendlichen eine

Abbildung 4: Bus und Jugendliche des Sponsoring-Projekts „Camino de Santiago"

Foto: Christophorus Jugendwerk

Kinderbaracke restauriert werden. „Daimler Benz" hat auch hierfür sein Interesse signalisiert.
Das Problem „Glaubwürdigkeit" wurde seitens des Jugendwerks in den Verhandlungen angesprochen. Bekanntlich ist „Daimler Benz" auch in der Waffenproduktion tätig. „Uns wurde jedoch glaubhaft versichert, daß intensive Prozesse der Abrüstung in Gang sind", meinte der Rektor des Jugendwerks zu diesem moralischen Konflikt. Die Grenze einer Zusammenarbeit zieht er dort, wo der Förderer versuche, inhaltlich in die Sozialarbeit einzugreifen. Und: Von einem Chemiekonzern wolle er seine Arbeit nicht sponsern lassen.

Als weiteres Beispiel wird im folgenden die Arbeit des *Kinder-/Jugendreferats (KiJu) der Stadt Rottweil* vorgestellt, die durch ein offensiv akquiriertes Sponsoring ermöglicht wird:

Das KiJu ist eine öffentliche Einrichtung der Stadt (kein e.V.) und geht in seiner Arbeit neue Wege: Es arbeitet „angebotsorientiert", d.h. die Angebote für Kinder und Jugendliche im Ort werden jeweils analysiert. Die Ergebnisse dieser Überprüfung fließen in die konzeptionelle Gestaltung der Angebote ein. Projekte werden nur so lange initiiert, wie das Interesse der Zielgruppe vorhanden und die Finanzierung gesichert ist. Neben den Zuschüssen der Stadt wird für jedes Projekt ein lokaler Sponsor gesucht.
Zusammen mit der „Schwäbischen Zeitung" gibt das KiJu achtmal im Jahr die Jugendzeitung „Talk about" heraus. Ziel ist es, junge Leute wieder an Printmedien heranzuführen und das KiJu mit seinen Angeboten bekannt zu machen. Die Zeitung stellt den Druck und die Verteilung innerhalb des eigenen Lokalteils sicher und druckt zusätzlich 5.000 Exemplare, die das KiJu an Schulen verteilt. Firmenanzeigen für die Jugendzeitung akquiriert das KiJu selbst und finanziert davon freie JournalistInnen, die ein professionelles und für Jugendliche ansprechendes Blatt konzipieren.
In ähnlicher Weise entsteht derzeit ein Projekt mit einem kleinen lokalen Radiosender. Einmal pro Woche gestalten Jugendliche von 20 bis 21 Uhr eine Sendung von „Radio Neckarburg".
Das größte Projekt des KiJu ist der „Ferienzauber", den es seit 1989 gibt. Er besteht aus einem Tagesprogramm für Kinder, Jugendliche und Erwachsene mit Erlebnisaktionen sowie aus einem abendlichen Kulturprogramm mit Theater, Kabarett und Konzerten für ein generationsübergreifendes Publikum, dem „Zeltfestival". 1993 hatte der Ferienzauber Ein- und Ausgaben von 800.000 DM und ist längst ein Gewerbebetrieb eigener Art. Die Sponsoren kommen inzwischen selbst auf das KiJu zu und können sich als Gegenleistung auf Plakaten, Programmheften, Eintrittskarten, Fahnen, T-Shirts oder Transparenten am Veranstaltungsort präsentieren. 1993 wurde der „Ferienzauber" von den Unternehmen „Kreissparkasse Rottweil", „Das Rottweiler Freibad", „Romantik Hotel", „Haus zum Sternen", „Rottweiler Privatbrauerei" und „Schwäbi-

sche Zeitung" gesponsert. Das Logo des Ferienzaubers, eine Sonne mit Sonnenbrille, ist zum begehrten Markenartikel geworden (siehe Abbildung 5 und Abbildung 6, S. 37).

Abbildung 5: Programmheft des Ferienzaubers 1993

Auch mit einem Tochterunternehmen der Uhrenfirma „Swatch" wurden Sponsoring-Verhandlungen geführt, die aber 1993 kurz vor dem Ende der Verhandlungen wegen Ertragseinbrüche in der Firma platzten.
Die jährlichen Verhandlungen mit den Sponsoren wurden bisher mündlich geführt. Dabei wurden Leistung und Gegenleistung sehr genau besprochen. „Dazu ist viel Vertrauen auf beiden Seiten nötig. Das hilft auch über Probleme hinweg", meint der Leiter des KiJu, Thomas Greiner. Der „Ferienzauber" soll zukünftig als „größtes Ferienprogramm Deutschlands" auch für überregionale Sponsoren interessant gemacht werden. Dann wird es auch schriftliche Verträge geben (müssen). „Grauzonen bleiben jedoch immer, alles läßt sich nicht im Vertrag regeln", sagt Thomas Greiner aus Erfahrung. Nicht immer konnte das Ferienzauber-Team alle Zusagen an die Sponsoren erfüllen. So hingen Firmen-Plakate nicht rechtzeitig oder mit einer falsch aufgedruckten Telefonnummer. Solche Pannen werden so schnell wie möglich ausgebügelt oder großzügig mit Freikarten entschädigt.

Abbildung 6: „Ferienzauber" in Rottweil

Foto: Walter Stieren

2.2. Motive für Sozial-Sponsoring

Gesponserte und Sponsoren haben bei einem Sozial-Sponsoring unterschiedliche Interessen. Die sozialen Organisationen brauchen Geld (Abschnitt 2.2.1.), die Unternehmen wollen sich mit Hilfe einer

„guten Tat" profilieren und ihr Image oder ihre Bekanntheit verbessern (Abschnitt 2.2.2.). Die Träger und MitarbeiterInnen von Sozialorganisationen, die an einem Sponsorship interessiert sind, sollten sich nicht nur über ihre eigenen Motive, sondern gerade auch der Absichten des Sponsors im klaren sein. Denn in dieser unterschiedlichen Interessenslage steckt ein nicht zu unterschätzendes Konfliktpotential (siehe dazu die Ausführungen in Kapitel 4., S. 109 ff.).

2.2.1. Kampf ums Geld: Sozialorganisationen unter finanziellem Druck

(1) Sozial-Sponsoring als Finanzierungsquelle

Soziale Arbeit kostet Geld, viel Geld. Die Träger von sozialen Diensten arbeiten in der Regel nicht gewinnorientiert. Die ihnen entstehenden Kosten werden deshalb – neben Pflegesatz-(Versicherungs-)Leistungen und Eigenbeteiligung – überwiegend von Steuergeldern finanziert. Bund, Länder und Kommunen fahren seit einigen Jahren einen rigiden Sparkurs, Zuschüsse im Sozialbereich werden eingefroren, gekürzt oder gestrichen. Auch andere Finanzierungsquellen bereiten den Sozialeinrichtungen Sorge, denn die Konkurrenz um Spendengelder ist größer geworden, angesichts der wirtschaftlichen Rezession sinkt die Spendenbereitschaft der Bevölkerung. Auch die Zahl der Menschen, die zur Übernahme gemeinnütziger Aufgaben bereit sind oder sich als Mitglied in sozialen Organisationen engagieren, stagniert. Angesichts der zunehmenden Probleme im sozialen Bereich, wie etwa Arbeitslosigkeit, Wohnungsnot, Armut, wachsende Gewaltbereitschaft bei Jugendlichen usw., bedeuten ungesicherte Finanzierungen eine Reduzierung der Angebote bzw. ein Absenken der Standards.

Von den Grenzen des Sozialstaates ist die Rede, der Sozialarbeit bläst der Wind ins Gesicht (Grotenbeck 1992, 380). Mit der Harmonisierung des EU-Sozialraumes wird es zu einer Aufweichung des bundesdeutschen Subsidiaritätsprinzips kommen (Haunert 1992), d.h. aus den europäischen Nachbarländern werden private Anbieter auf den Sozial-Markt drängen und soziale Aufgaben auf privatwirtschaftlicher Basis übernehmen. Die Folge davon könnte sein, daß sich die öffentliche Hand aus Bereichen wie beispielsweise der Kranken- und Altenbetreuung zunehmend zurückzieht und die entsprechenden Bereiche zum Gegenstand reiner Kosten-Nutzen-Analysen werden.

Um die Soziale Arbeit zu finanzieren, müssen *neue zusätzliche Finanzierungskonzepte* erarbeitet werden. Für *einzelne Projekte* könnte in diesem Zusammenhang das Sozial-Sponsoring von Interesse sein, wenngleich diese Einnahmequelle nicht für laufende Kosten wie Personalkosten in Frage kommt. Dies scheitert bereits daran, daß sich für ein Sponsoring nur *ungewöhnliche Vorhaben* medienwirksam darstellen und „vermarkten" lassen, nicht jedoch der alltägliche Verwaltungsaufwand.

Sponsoring kommt insbesondere für kleine Sozialorganisationen mit neuen Ansätzen in der sozialen Arbeit in Frage. Sie erhalten zumeist keine öffentliche Mittel bzw. es ist für sie schwierig, eine institutionelle öffentliche Förderung zu erhalten. Diese Projekte werden vielfach ausschließlich vom Engagement einzelner Personen und Gruppen getragen. Gerade für diesen Bereich stellt das Sponsorship eine neue Finanzierungsmöglichkeit dar. Umgekehrt bietet das Sozial-Sponsoring den Non-Profit-Organisationen die Möglichkeit, ihre bisherigen Tätigkeiten auszuweiten und zusätzliche Aufgaben wahrzunehmen.

In der PROGNOS-Studie aus dem Jahr 1984 zur Entwicklung der Freien Wohlfahrtspflege bis zum Jahr 2000 heißt es:

> „Die Wohlfahrtsverbände beziehen ihre Flexibilität und ihre Innovationsfähigkeit im Prinzip aus einem hohen Anteil an Eigenfinanzierung. Dafür sind sie auf Spenden aller Art angewiesen. Gleichzeitig jedoch sind erhebliche Teile ihrer Arbeit – und insbesondere die besonders kostenträchtigen – zum größten Teil durch staatliche Finanzierung bzw. durch Finanzierung durch Sozialversicherungsträger abgedeckt. Hier ist eine enorme Abhängigkeit gegeben." (PROGNOS 1984, 91)
>
> „Die Finanzierung der Arbeit der freien Wohlfahrtsverbände (könnte also) aus privaten Mitteln sehr wohl gestärkt werden ..." (ebd., 98), etwa mit Sponsoring.

Sponsoring kann aber öffentliche Gelder nicht ersetzen, Sozial-Sponsoring ist kein Ersatz für eine staatliche Sozialpolitik. Unternehmen fördern bevorzugt einzelne Projekte, die auf irgendeine Art spektakulär sind. „Randgruppen" sind nur begrenzt dazu geeignet, sich mit den Interessen der Wirtschaft verbinden zu lassen. Sie benötigt deshalb unbedingt eine regelmäßige öffentliche Unterstützung.

Sozialorganisationen, die sich mit dem Gedanken tragen, ein Sponsorship einzugehen, stecken aber in einem *Dilemma*: Wenn sie namhafte Summen aus der Wirtschaft erhalten, besteht zweifellos die Gefahr, daß die öffentlichen Zuschußgeber ihre Mittel (weiter) kürzen. Einerseits besteht zweifellos die Gefahr, daß die öffentliche Hand ihre Mittel (weiter) kürzt, wenn eine Sozialorganisation namhafte Summen aus der Wirtschaft erhält. Gleichzeitig müssen die sozialen Einrichtungen wegen der dramatischen Finanzierungslage der öffentlichen Haushalte mit Kürzungen rechnen – unabhängig davon, ob sie ein Sozial-Sponsoring eingegangen sind. Der Zusammenarbeit mit einem Unternehmen muß also auch ein Abwägungsprozeß in finanzieller und sozialpolitischer Hinsicht vorausgehen.

(2) Sozial-Sponsoring als Chance zur Professionalisierung

Neben der finanziellen Absicherung von Projekten kann ein Sozial-Sponsoring auch für die fachliche Arbeit Vorteile bringen, meint Christian Berthold (1993), der Projektleiter von „social sponsorship" an der Universität Münster. Christian Berthold sieht darin auch die Chance, die Wohlfahrtspflege konzeptionell weiterzuentwickeln, wenn er der Sozialarbeit die Frage stellt: Warum greifen die bisherigen Instrumente der Sozialen Arbeit schlecht oder gar nicht, beispielsweise in den Bereichen „Suchtkrankheiten", „Gewalt/Jugendkriminalität", „Rechtsradikalismus", „Integration von AusländerInnen", „Vereinsamung von Menschen und ihre gesundheitlichen Folgen"? Seine Antwort lautet: „Die soziale Wirklichkeit hat sich so sehr verändert, daß die Voraussetzungen nicht mehr mit denen übereinstimmen, unter denen man einst diese Instrumente erfand oder etablierte" (Berthold 1993, 155). Er schlägt vor, mit neuen, modellhaften Projekt-Ideen eine wirkungsvollere Sozialarbeit zu entwickeln und dafür von Unternehmen Geld zu akquirieren. Über das Sozial-Sponsorship sei gewährleistet, daß diese neuen Konzepte öffentlich diskutiert werden.

Einen Teil der allenthalben reklamierten fehlenden Professionalität macht die unzureichende Öffentlichkeitsarbeit vieler sozialer Einrichtungen aus (siehe auch Abschnitt 2.3.3., S. 54ff.). Die Einrichtungen und ihre MitarbeiterInnen investieren kaum Zeit in Pressearbeit, bzw. sie präsentieren sich und ihre Arbeit nur selten oder unzureichend in der Öffentlichkeit. Erfolgversprechende Ideen bleiben damit ebenso unbemerkt wie Fehler. Nur mit Konzepten, die einer öffentlichen Diskussion und „Kontrolle" standhalten, kann langfristig eine tragfähige und akzeptierte Arbeit gelingen. Diese mangelhafte öffentliche Selbstdarstellung hat zur Folge, daß die Soziale Arbeit auf Außenstehende nicht selten inkompetent und hilflos wirkt. Im Rahmen eines Sponsorships können die Öffentlichkeitsarbeit verbessert und die Grundlagen für ein selbstbewußtes und überzeugendes Auftreten sowie für mehr Handlungskompetenz und Prestige der Sozialen Arbeit gelegt werden.

Aus Sicht der Sozialeinrichtungen eröffnen sich für sie und ihre Arbeit durch Sozial-Sponsoring zusammenfassend folgende Möglichkeiten:

(a) Sozial-Sponsoring kann den finanziellen Spielraum der Einrichtung verbreitern und dadurch eine gewisse Unabhängigkeit gegenüber der öffentlichen Hand schaffen.
(b) Die Organisationen können mit den zusätzlichen Mitteln aus einem Sponsorship neue Aufgaben übernehmen sowie neue Arbeitsplätze für MitarbeiterInnen schaffen.
(c) Sozial-Sponsoring kann der Sozialen Arbeit Impulse geben, um neue Konzepte zu entwickeln und diese öffentlich bekannt zu machen.
(d) Die mit Sponsoring gesammelten Erfahrungen können in der Öffentlichkeitsarbeit zur weiteren Professionalisierung der Sozialen Arbeit genutzt werden und den Bekanntheitsgrad der Einrichtung erhöhen. Damit ließen sich möglicherweise die Spendenbereitschaft der Bevölkerung erhöhen oder politische Diskussionen zu bestimmten Themen anzustoßen.

Jede Sozialorganisation, ihr Träger und ihre MitarbeiterInnen werden prüfen müssen, ob ihre Dienstleistungen langfristig gesichert oder verbessert werden können und es sozialpolitisch und fachlich vertretbar ist, wenn sie sich etwa mit Hilfe von Sponsorings (in Teilen) der Instrumente und Methoden des Sozial-Marketings bedienen (siehe Kasten, S. 42f.).

2.2.2. „Tue Gutes und rede darüber": Sponsoren in der Pflicht

(1) Persönliche Motive der Sponsoren

„Charity begins at home", heißt es im angelsächsischen Raum. Tatsächlich ist das „Motiv der Nächstenliebe" häufig in der persönlichen Biographie des Wohltäters oder der Wohltäterin zu finden. Menschen, die ihr Vermögen aus „Dankbarkeit gegenüber dem eigenen glücklichen Schicksal" (Testament von Dr. Hanns Simon, Brauereibesitzer in Frankfurt, zit. nach Fohrbeck 1989, 249) in Stiftungen überführen, gibt es nicht erst in unseren Tagen. Auch beim Sozial-Sponsoring hängt das Engagement der Unternehmen meist vom persönlichen Einsatz des Firmeninhabers bzw. der Unternehmensleitung ab.

> Bernd Pforr, „Secondee" bei IBM (siehe S. 30ff.) ist bei der Stiftung Blindenanstalt in Frankfurt/Main aktiv. „Als 1983 sein Sohn geboren wurde und durch fehlerhafte ärztliche Versorgung mehrfach behindert war und erblindete, entwickelte er eine neue Beziehung zu Menschen mit Behinderungen. Pforr sieht in seinem Secondment die Chance, mit Unterstützung der IBM die gesellschaftliche Integration und berufliche Rehabilitation sehgeschädigter Menschen aktiv zu fördern." (IBM 1990, 14)

Sozial-Marketing: Die Soziale Arbeit denkt um

Die nicht-kommerziellen Organisationen mit ihren fast 66.000 Einrichtungen und Diensten der freien Wohlfahrtspflege, den ca. 22.000 öffentlichen Trägern, ungefähr 6.000 gewerblichen Trägern sowie den ca. 30.000 Selbsthilfegruppen (Oppl 1991) lassen sich als Dienstleistungsunternehmen begreifen, die das Produkt „soziale Unterstützung" erbringen. Dies ist aber schwierig geworden: Die Zahl der MitarbeiterInnen und die zu koordinierenden Aufgaben stellen erhebliche Anforderungen an die Führungskräfte; die Komplexität sozialer Probleme wächst; der Durchblick im Finanzierungsdschungel wird immer schwieriger; die Zahl der Menschen, die sich für einen sozialen Beruf entscheiden, ist rückläufig (Pflegenotstand, ErzieherInnenmangel usw.); die Beschäftigten zeigen immer häufiger „burn out-Symptome" (hohe MitarbeiterInnen-Fluktuation); die Gesellschaft bringt der Sozialen Arbeit nur wenig öffentliche Anerkennung entgegen.

Die Entstehung von ca. 30.000 Selbsthilfegruppen weist auf Angebotsmängel in der Sozialen Arbeit (quantitative und qualitative Versorgungsdefizite) hin. Die Selbsthilfegruppen haben alternative Angebote für neue Notlagen herausgebildet. Zudem werden private gewerbliche Anbieter aus dem Ausland verstärkt Marktanteile in einigen Sparten der sozialen Arbeit (z.B. Altenhilfe) erwerben und die Konkurrenz erhöhen.

Dieser innere und äußere Druck erfordert mehr Professionalität. Das Management sozialer Arbeit muß sich an veränderte Problemlagen in einer veränderten sozialpolitischen Landschaft anpassen. In der Wirtschaft übernimmt der Markt, die Zufriedenheit der Kunden, der Ertrag usw., eine steuernde Funktion, in Non-Profit-Unternehmen der Sozialen Arbeit fallen diese Steuerungselemente weitgehend aus. Dennoch muß auch den Sozialorganisationen die Verbesserung von Wirksamkeit und Qualität ein wichtiges Ziel sein.

Diesem Ziel kann *Sozial-Marketing* als neue Strategie der Sozialarbeit dienen. Unter Sozial-Marketing verstehen Manfred Bruhn und Jörg Tilmes „die Planung, Organisation, Durchführung und Kontrolle von Marketingstrategien und -aktivitäten nicht-kommerzieller Organisationen, die direkt oder indirekt auf die Lösung sozialer Aufgaben ausgerichtet sind" (Bruhn 1989a, 781). Sozial-Marketing entwickelt zielgerichtete Maßnahmen, wie soziale Dienstleistungen den BürgerInnen und Institutionen angeboten werden sollen. In der Wirtschaft teilt sich das klassische Marketing in vier Hauptbereiche auf; übertragen auf das Sozial-Marketing heißt das:

(a) Produktpolitik, d.h. welche Leistungen in welcher Form den sozialen Zielgruppen angeboten werden sollen;

(b) Distributionspolitik, d.h. über welche Kanäle die Leistungen an die Zielgruppen gelangen;

(Fortsetzung S. 43)

> (c) Preispolitik, d.h. unter welchen Bedingungen die Leistungen den Zielgruppen angeboten werden sollen;
> (d) Kommunikationspolitik, d.h. in welcher Form die Zielgruppen über die angebotenen Leistungen informiert und für die Akzeptanz der Leistungen gewonnen werden sollen (Bruhn 1989a).
> Auch Sozial-Marketing verfügt also, analog zur freien Wirtschaft, über Kommunikationsinstrumente. Dazu gehören neben der klassischen Werbung auch Öffentlichkeitsarbeit, Verkaufsförderung, Spendenbriefe und Sozial-Sponsoring. Detlef Knopf, Initiator einer Berliner Sozialeinrichtung, wird mit den pragmatischen Worten zitiert, „daß für modernes Sozialmanagement der demonstrative Verzicht auf die Verfolgung von Eigeninteressen nicht länger prägend sei, sondern vielmehr die ‚produktive Verknüpfung von Eigennutz mit dem Einsatz für eine gute Sache' eine interessante Konstellation ergäbe" (Frankfurter Allgemeine Zeitung 1989).

In seiner berühmt gewordenen Rede im Jahr 1985 für die „Migros-Gesellschaft" (Schweiz) spricht der Unternehmer Arend Oetker über sieben Begriffe, die er für persönliche Motive hält, Geld für Kunst auszugeben: Macht, Dankbarkeit, Not, Bildung, Image, Egoismus und Lob:
„Macht: Ein Beweggrund, sich kulturell zu betätigen, war es immer auch, Macht auszuüben, Macht zu zeigen, Macht zu repräsentieren, wie Sie dies heute noch beispielsweise im Aachner Domschatz bewundern können ... Dankbarkeit: Früher war es ja häufig so, daß jemand, der einer Naturkatastrophe entkommen war, diese oder jene Kirche ... stiftete, ... ein Motiv im übrigen, das sehr selten gewürdigt wird ... Aber das gibt es natürlich auch, daß jemand etwas aus schlechtem Gewissen heraus tut ... Image: Man muß auch die Wege finden, Unternehmen zu motivieren, die eine oder andere kulturelle Aktivität zum Bestandteil ihres Images zu machen ... Egoismus: Das ist ja der Hauptantrieb, das ist der Hauptbeweggrund überhaupt; das können Sie auch Selbstdarstellung oder Eitelkeit nennen ... Jeder aus der Wirtschaft ist, mit Verlaub, ein Pfeffersack mit sozialem Gewissen. Dafür sorgen schon die beiden Lobbyisten für das soziale Gewissen der Nation, nämlich die Kirchen und Gewerkschaften. Deshalb haben wir ja auch eine soziale Marktwirtschaft und keine Marktwirtschaft." (Fohrbeck 1989, 146)

(2) Unternehmerische Motive des Sponsors

In der empirischen Untersuchung von Manfred Bruhn und Hans Dieter Dahlhoff (1990b) über Sponsoring-Motive nennen die Unternehmensleitungen natürlich nicht den Egoismus als „Hauptantrieb" für Sozial-Sponsoring, sondern „edle", humanitäre oder soziale Beweggründe, wie „Soziale Verpflichtung des Unternehmens, Dokumentation von gesellschaftspolitischer Verantwortung" oder „Hilfebedürftigkeit der Geförderten", stehen im Vordergrund. Lediglich die Motive „die Darstellung des Unternehmens in der Öffentlichkeit zu verbessern" oder „in Übereinstimmung mit der ‚Corporate Identity' zu sponsern" verweisen unmittelbar auf unternehmerische Erwägungen. Daß ein Unternehmen Steuern spart, wenn es für den sozialen Bereich Geld ausgibt, führen die Befragten in der Untersuchung von Manfred Bruhn und Dieter Dahlhoff (1990b) nicht als Sponsoring-Grund an; ebenso unerwähnt bleibt, daß Sponsoring viel billiger als Werbung ist (eine Sendeminute im Werbeblock des ZDF kostet im Jahresdurchschnitt 134.400 DM [1992]). Ohne Frage ist es für manche Unternehmen lohnenswerter, Geld für soziale Projekte aus ihrem Budget abzuzweigen und mit dieser „weichen" Werbemöglichkeit gezielt Käufergruppen anzusprechen (beispielsweise Blinde von IBM) – nach dem Motto „Tue Gutes und rede darüber".

Von entscheidendem Vorteil für Unternehmen ist das Sponsoring insofern, als sie damit nicht über den Umweg eines print- oder elektronischen Mediums einen Käuferkontakt herstellen müssen, sondern Zielgruppen möglichst genau ansprechen können. Die „Streuverluste" der klassischen Werbung werden damit minimiert.

Bisher haben nur wenige Unternehmen eine „Firmenphilosophie" („Corporate Identity") entwickelt, in deren Kontext das Sponsoring von Bedeutung sein könnte (zur „Corporate Identity" siehe Kasten). Das Fehlen einer ausgeprägten Unternehmensphilosophie bei noch vielen Firmen hat zur Folge, daß persönliche Neigungen und Interessen der Firmenleitung, ihre individuellen Vorlieben, oder sonstige

---

Corporate Identity

Corporate Identity (C.I.) wird am treffendsten mit Unternehmensidentität oder -philosophie übersetzt. Zur Unternehmens- oder Firmenphilosophie gehören laut der Sponsoring-Agentur „FAMOSA" (1992):

(a) das Erscheinungsbild: der meist visuelle Ausdruck des Leitbildes in einem einheitlichen, wiedererkennbaren Logo; aber auch von der Atmosphäre am Arbeitsplatz wird das Erscheinungsbild des Unternehmens geprägt;
(b) das Verhalten: der Umgang mit der Klientel und den MitarbeiterInnen darf nicht im Widerspruch zum Leitbild stehen.

Die Kommunikation hat unter anderem die Aufgabe, die C.I. umzusetzen: in der Korrespondenz, bei internen Sitzungen, bei Veranstaltungen und in der Pressearbeit. C.I. darf nicht „aufgesetzt" wirken, sondern muß von den MitarbeiterInnen mitgetragen werden und wachsen.

Zufälligkeiten zumindest derzeit noch eine große Rolle bei den Motiven spielen, Geld für soziale Organisationen zu geben. Dabei reicht die Bandbreite von Verantwortungsgefühl für das Gemeinwesen bis hin zu einer Art Sendungsbewußtsein.
Dazu gesellen sich aber immer häufiger kommerzielle, steuerliche oder politische Überlegungen, – kommerzielle Absichten, wo sich Altruismus und Geschäftsinteressen verbinden lassen, steuerliche Motive, wo der Staat Aufwendungen für soziale Zwecke begünstigt, und politische Erwägungen, wo eine stärkere ideologische Bindung dem Sponsor die Förderung bestimmter sozialer Programme angezeigt erscheinen läßt. Und schließlich das gelegentlich sichtbare Motiv, das „in einer Art modifiziertem Geltungsdrang zu suchen (ist), ein Motiv, das wir weise mit gewissem Lächeln, aber dankbar quittieren sollten" (Sikorski, zit. nach Fohrbeck 1989, 156).
Ein Unternehmen, das bereit ist, über kurzfristige Marketing-Interessen hinauszuschauen, will dies auch bekannt machen können. „Kein Produzent von Möbeln wird seinen Umsatz unmittelbar durch die Finanzierung von Kindertagesstätten steigern. Aber daß die Reputation als sozial sensibles Unternehmen am Ende Marken- und Kaufortentscheidungen positiv beeinflußt, ist gut und richtig", meinen Rolf Schneidereit und Gerald Hündgen (1991, 13), Mitarbeiter der Sponsoring-Agentur „Neues Handeln". „Sponsoringprojekte sind immer im Grenzbereich von Eigenwerbung und der sichtbaren Übernahme von Verantwortung angesiedelt" (ebd.). Das soziale Engagement eines Unternehmens soll nach außen wirken und das öffentliche Ansehen verbessern bzw. den Bekanntheitsgrad steigern. Außerdem soll das positive Image der geförderten Organisation auf das Unternehmen übertragen werden („Imagetransfer"). Deshalb möchten die Unternehmen ihr Sponsoring-Engagement sichtbar in den Medien kommuniziert sehen („kommunikative Funktion").
Aufwendungen der Firmen im Sozialbereich haben zudem eine nicht zu unterschätzende Innenwirkung auf die Motivation der MitarbeiterInnen. Beschäftigte, die ihre Arbeit indirekt auch zum Nutzen der Allgemeinheit sehen, empfinden dadurch eine stärkere Identifikation mit ihrem Unternehmen.
In diesem Sinne wirkt ein Sozial-Sponsorship auf die „Corporate Identity" des Unternehmens zurück. Das positive Erscheinungsbild der Firma wird bei KäuferInnen und MitarbeiterInnen eine Imageprofilierung hervorrufen, einem anonymen und profillosen Unternehmen ein persönliches, „menschliches Antlitz" geben.
Außerdem können mit gezieltem sozialem Engagement die Attraktivität des Unternehmens für potentielle BewerberInnen (Stichwort:

Fachkräftemangel) erhöht und größere lokale Akzeptanz etwa bei KommunalpolitikerInnen und in der Öffentlichkeit erreicht werden.
Neu in den unternehmerischen Überlegungen für ein Sponsoring ist die Erkenntnis, daß ein Unternehmen in einem intakten gesellschaftlichen Umfeld besser gedeihen kann. Die Firma „IBM Deutschland" „möchte ... die Bedingungen mitgestalten, unter denen Menschen gerne leben und arbeiten" (IBM 1990, 4). Das Sozial-Sponsoring als Kommunikationsinstrument kann diese Haltung nach außen transportieren.
Ob dieser „Wertewandel", die Übernahme gesellschaftlicher Verantwortung als Baustein der „Corporate Identity" eines Unternehmens angesichts der wirtschaftlichen Stagnation durchgehalten wird, werden die nächsten Jahre zeigen.
Die genannten Motive einer Firmenleitung bzw. alle Kommunikationsziele eines Unternehmens (Image verbessern, Bekanntheitsgrad steigern, gesellschaftliche Verantwortung wahrnehmen, Kontakt zu Zielgruppen suchen, MitarbeiterInnen motivieren, Geförderten helfen) sind in der Planungsphase eines Sponsorships oft wenig handlungsleitend oder werden als Ziele nicht explizit angestrebt. Zu wenig erfahren sind im Sozial-Sponsoring auch die Unternehmen. Vielfach werden diese Ziele erst nachträglich zur Legitimation herangezogen.
Da das Sozial-Sponsoring noch neu ist und Unternehmen sich durch entsprechende Engagements bislang fast konkurrenzlos in der Öffentlichkeit profilieren können, werden sich die Firmen bei entsprechenden günstigen wirtschaftlichen Voraussetzungen schon deswegen gegenüber einer entsprechenden Anfrage aufgeschlossen zeigen.
Als günstig, Unternehmen für ein Sozial-Sponsoring zu gewinnen, haben sich sogenannte „event creations" erwiesen, d.h. Sozialorganisationen und Unternehmen initiieren gemeinsam im Rahmen von gesponserten Projekten Ereignisse, die durch ihre Einmaligkeit mehr Medieninteresse auf sich ziehen als ein „normales" Sponsorship, etwa eine Einweihungsfeier für eine Krabbelstube, die finanziell unterstützt wurde, eine feierliche Übergabe eines gesponserten Kleinbusses für die Sozialstation, ein Fachkongreß u.a.m. Mit einem solchen Ereignis ist auch wahrscheinlicher, daß Presse, Funk und Fernsehen das Sponsoring öffentlich bekannt machen.
In der Regel sind solche „events" mit emotionalen Erlebnissen für die ZuschauerInnen verbunden, die immer auch KonsumentInnen oder KäuferInnen sind. Die Chance, bei den mit Fernseh-Werbung und Zeitschriften-Reklame überschütteten VerbraucherInnen wahrgenommen zu werden, ist höher, wenn diese aktiv in ein Erlebnis

einbezogen sind, das mit dem Namen des Unternehmens verbunden ist. Die Fach- und Mittlerorganisation für soziale Aktivitäten „FAMOSA" (1992, 15) in München schlägt beispielsweise folgenden „event" vor:

> Ein Produzent von Kopiergeräten stellt einen Farbkopierer anläßlich einer Kunstmesse auf. Originale von zeitgenössischen KünstlerInnen werden kopiert und handsigniert. Die MessebesucherInnen kaufen diese Farbkopien, und der Erlös kommt einem sozialen Projekt zugute. Sponsor und Gesponserte stehen am Stand mit entsprechendem Infomaterial für ein Gespräch zur Verfügung.

Natürlich bestehen bei Unternehmen auch Vorbehalte gegen Sozial-Sponsorings. In einer Studie über das Sponsoring aus dem Jahr 1988 gehen Manfred Bruhn und Thomas Wieland (zit. nach Fohrbeck 1989, 156) den Motiven gegen ein Sponsoring nach. Als häufigste Antwort wurde genannt, daß

> „Sponsoring generell unrentabel sei oder nicht in die Unternehmensphilosophie passe". Des weiteren wurden als Gründe genannt, „daß sich Betriebe, die hart um den Erhalt von Arbeitsplätzen in der derzeitigen Strukturkrise kämpfen, solchen ‚Luxus' nicht leisten könnten, weil die Belegschaft und die Öffentlichkeit mit Aufmerksamkeit und Sorge den Fortgang der Bemühungen um die wirtschaftliche Situation beobachteten und deshalb alles, was zusätzliche Kosten verursachen würde, mehr als mißtrauisch beargwöhnten".

Überlegungen wie diese könnten bei der derzeitigen wirtschaftlichen Lage wieder in den Vordergrund treten und Sozial-Sponsorships erschweren, auch wenn diese Einwände in der empirischen Untersuchung von Manfred Bruhn und Dieter Dahlhoff (1990b) nicht mehr genannt werden.

2.3. Voraussetzungen für Sozial-Sponsoring

Bevor eine Sozialorganisation ein Unternehmen für ein Sponsorship ansprechen will, muß sie sich über bestimmte Voraussetzungen im klaren sein: Wie soll das Sponsoring-Engagement aussehen? In welchem Bereich ist ein Sponsoring sinnvoll? Welche bzw. wieviele Sponsoren sollen angesprochen werden? Wie glaubwürdig ist das soziale Engagement der anvisierten Unternehmen? Welches Projekt kommt für ein Sponsoring in Frage? Welche Gegenleistung für eine finanzielle Unterstützung können erbracht werden? Wie gut ist die bisherige Öffentlichkeitsarbeit? Auf diese Fragen werden in den nachstehenden Abschnitten Antworten gegeben?

2.3.1. Unterschiedliche Formen des Sponsoring

In der Bundesrepublik Deutschland ist die Zahl der Sponsorships im sozialen Bereich noch überschaubar. Die Förderaktionen konzentrieren sich bisher auf relativ wenige Unternehmen und ausgewählte Initiativen im Behindertenbereich, in der Kinder-und Jugendhilfe u.ä. Für die Unternehmen ist die Systematisierung der unterschiedlichen Sponsoring-Formen eine wichtige Voraussetzung – wichtiger als für den Sozialbereich (Bruhn 1990 a,b, 1991; Hauser 1991). Sie erlaubt dem Unternehmen eine exaktere Planung und damit einen effizienteren Einsatz des Geldes.

Zwar ist für Sozialorganisationen in erster Linie die Höhe der Förderung interessant, trotzdem sollten die MitarbeiterInnen bzw. die Träger sozialer Einrichtungen die Kriterien und Klassifikationen der „Erscheinungsformen des Sponsorings" kennen, um ihr Vorhaben auf die Bedürfnisse des Sponsors abstimmen zu können.

Unter Sponsoring-Erscheinungsformen wird von Marketing-Experten die Ausprägung eines Sponsorships hinsichtlich folgender *Kriterien* verstanden:

(a) Art und Umfang der Leistung,
(b) Anzahl der Sponsoren,
(c) Initiator des Sponsoring,
(d) Art der Gegenleistung,
(e) Art der Förderprojekte.

(1) Art und Umfang der Leistung

Der Sponsor hat die Möglichkeit, seine Leistung dem Gesponserten in unterschiedlicher Art und Weise zukommen zu lassen. Zumeist bestehen diese Leistung aus *finanziellen Mitteln*. Dabei kann es sich um einen einmaligen Geldbetrag oder um regelmäßige Zahlungen über eine gewisse Zeit hinweg handeln.

Für viele Unternehmen bietet sich auch an, eigene Produkte als *Sachmittel* einzusetzen, etwa Computerprogramme eines Software-Entwicklers für die Sozialplanung von Jugendämtern oder für Computerspiele in Jugendhäusern, Notstromaggregate eines Herstellers für Krankenhäuser in Entwicklungsländern u.a.m. Für die Gesponserten stellen diese Mittel geldwerte Leistungen dar.

Eine weitere (oft vernachlässigte) Leistungsart ist die Vermittlung von Know-how als *Dienstleistung*, vor allem für die Bereiche „Organisation" und „Verwaltung", etwa: Ein Trainee-Center eines Unternehmens bietet Fortbildungsseminare für die Geschäftsführung eines Wohlfahrtsverbandes an, eine Werbeabteilung einer Firma ist einer sexualpädagogischen Jugendberatungsstelle bei der Erstellung von Veröffentlichungen behilflich, eine Computerfirma gibt Unterstützung für die Logistik und das Management von Veranstaltungen eines Altenheimes oder eine EDV-Schulung für computergestützte Pflegesatzabrechnung. Zu den besonderen Dienstleistungen zählen auch die Secondments (siehe das Beispiel von IBM, S. 30).

Ein Unternehmen kann auch einen bestimmten Betrag beim Verkauf von Waren aus seiner Produktion einem sozialen Zweck zur Verfügung zu stellen, z.B. 5 DM pro Buch oder Schallplatte. Dies wird als „Verkaufsaktion" bezeichnet und ist rechtlich nicht unumstritten, wie das Verbot des Sonderpreises für einen „Big Mäc" von McDonald's für ein Kinderhilfswerk (siehe S. 29) gezeigt hat.

Über den Umfang der Sponsoring-Leistungen der Unternehmen im sozialen Bereich liegen bislang keine Untersuchungen vor.

(2) Anzahl der Sponsoren

Je nach Zahl der Sponsoren, die sich an einem Projekt beteiligen, spricht man von *Exklusiv-Sponsorship* oder von *Co-Sponsorship*. Die Dominanz eines Sponsors vermittelt den Eindruck, daß nur durch seine Leistung dieses Projekt zustande kommen konnte, was dessen Bereitschaft zu einem Sponsoring sicherlich erhöht. Beteiligen sich mehrere Geldgeber an einem koordinierten Sponsoring-Engagement, müssen sich die Unternehmen die erzielte Imagewirkung „teilen". Insgesamt ist ein exklusives Sponsorship bei Sozial-Sponsoring wesentlich häufiger zu finden als im Sport- oder Kunstbereich.

(3) Initiator des Sponsorings

Das Sponsorship kann auch nach seinem Initiator differenziert werden. Treten soziale Organisationen an Unternehmen heran, um ein Sponsorship zu vereinbaren, sprechen Marketingexperten von einem *„fremdinitiierten Sponsoring"*. Als *„eigeninitiiertes Sponsoring"* wird jenes Engagement bezeichnet, das vom Unternehmen ausgeht. Es ist eher die Ausnahme, daß die Marketing-Abteilung eines Unternehmens eine Sozialorganisation wegen eines Sponsorships anspricht. Zur Zeit dominieren beim Sozial-Sponsoring eigeninitiierte Sponsorships, da Sozialorganisationen zumeist (noch) nicht in der Lage sind, von sich aus (ohne Beratung durch Agenturen) Sponsorships anzubieten. Außerdem suchen die Unternehmen spezifische Projekte aus, die auf ihre jeweiligen Belange zugeschnitten sind. Größere Unternehmen gründen meistens eigene Stiftungen, wenn sie sich aus eigenem Antrieb finanziell im sozialen Bereich engagieren wollen, wie etwa die „Shell AG", die über ihre Stiftung die Jugendforschung („Shell-Studien") unterstützt, oder die „Ronald McDonald Kinderhilfe", die „Robert-Bosch-Stiftung" u.a.m.

(4) Art der Gegenleistung

Der Sponsor erwartet für seine Förderung von der Sozialorganisation eine Gegenleistung, die mehr oder weniger direkt seinem Unternehmensziel dienlich ist.

Der Gesponserte kann *aktiv Gegenleistungen* erbringen, etwa dadurch, daß er in seinem Schriftverkehr das Firmenzeichen seines Sponsors verwendet oder er ihn in Pressemitteilungen oder bei Veranstaltungen positiv erwähnt, wie etwa im Sport durch die Trikotwerbung.

Eine Gegenleistung als *passive Duldung* besteht darin, daß die gesponserte Organisation „duldet", daß ihr Sponsor-Partner mit seiner Förderung bzw. mit der unterstützten Organisation in den Medien wirbt.

Bei den meisten Sozial-Sponsorships dominiert die passive Duldung als Gegenleistung.

(5) Art der Förderprojekte

Für ein Sponsorship eignen sich besonders Veranstaltungen, die soziale Themen aufgreifen, wie etwa Symposien oder Workshops. Denkbar sind auch Benefizkonzerte; so hat beispielsweise der Sportschuh-Hersteller „Reebok" die Menschenrechts-Tournee von „amnesty international" in den USA mit 2 Mio Dollar gesponsert.

In der Mehrzahl jedoch sind Sponsorships auf bestimmte Aktionen oder Projekte von sozialen Einrichtungen beschränkt, wie etwa das Beispiel des „Camino di Santiago (Aufbau einer Pilgerherberge durch schwer erziehbare Jugendliche; S. 33f.).

2.3.2. Felder des Sozial-Sponsorings

Derzeit ist Sozial-Sponsoring vor allem in den Bereichen „Sozial- und Gesundheitswesen" und „Bildung und Wissenschaft" anzutreffen. Auf der Basis dieser Unterteilung sollen im folgenden verschiedene Tätigkeitsfelder mit Beispielen aufgezeigt werden:

(1) Sponsoring im Sozial- und Gesundheitswesen

Das Sponsoring im Sozial- und Gesundheitswesen bezieht sich vor allem auf die Gesundheitsvorsorge, die Behandlung von Krankheiten, das Rettungswesen, die Katastrophenhilfe, die Integration benachteiliger Gruppen sowie auf die Wohlfahrtspflege und deren Träger. Dabei kann man *fünf typische Formen* hervorheben (Bruhn 1990a,b; 1991):

(a) *Unterstützung sozialer Organisationen durch Geldmittel:* Das soziale Engagement von Unternehmen drückt sich meist darin aus, Organisationen, wie z.B. das Rote Kreuz, die Caritas, die Deutsche Herzstiftung, die Deutsche Krebshilfe, die Unicef usw., in ihrer Aufgabenerfüllung zu unterstützen. Viele Unternehmen begannen ihr soziales Engagement mit einer Spende nach dem „Gießkannenprinzip". Die Absicht, gezielt Gruppen zu fördern, die zu ihnen passen, sowie die Einstellung, Mittel nicht länger im Verborgenen zu vergeben, veranlaßte die Unternehmen, von der Spende zum Sponsoring überzugehen (siehe Abschnitt 1.2., S. 22) – Beispiele:

> Die „Daimler Benz AG" unterstützt mit Geld- und Sachspenden SOS-Kinderdörfer im In- und Ausland, die Deutsche Lebensrettungsgesellschaft (DLRG) und die Erdbebenhilfe.
> Auszubildende des Gaggenauer Benz-Werkes errichteten im Oktober 1993 für den Außenspielbereich eines Kindergartens einen Matschtisch zum Spielen mit Wasser und Sand.
> 1988 förderte „Panasonic" die „Multiple-Sklerose-Gesellschaft" und die „Deutsche Herzstiftung" und diskutierte darüber öffentlich.

(b) *Gründung unternehmenseigener Stiftungen:* Mit Hilfe des Stiftungskapitals sollen gezielt soziale Aufgaben übernommen werden. Der Vorteil von Stiftungen liegt darin, daß die Förderung mittel- bis langfristig finanziell gesichert ist. Viele große Unternehmen der Bundesrepublik Deutschland verfügen über solche Stiftungen – Beispiele:

> Die gemeinnützige „Hertie-Stiftung" hat in den Jahren 1992 und 1993 jeweils 3 Mio DM für Multiple Sklerose (MS)-Grundlagenforschung bereitgestellt und mehrere Einzelprojekte gefördert. „Hertie Freiburg" überreichte im Frühjahr 1993 der örtlichen MS-Kontaktgruppe einen behindertengerechten PKW und machte dies in der Presse bekannt (Badische Zeitung 1993).
> Die „Robert-Bosch-Stiftung" fördert Projekte nach verschiedenen Schwerpunkten. Das Programm vom Juli 1992 sieht unter anderem eine „Begegnung und Zusammenarbeit in gemeinsamen Projekten ost- und westdeutscher Schulen" vor. Die Stiftung möchte 20 Beispiele im Schuljahr 1992/93 mit jeweils 20.000 DM fördern (Robert-Bosch-Stiftung, 1992).
> Für das Institut des Robert-Bosch-Krankenhauses in Stuttgart wurden zwischen 1990 und 1991 11,3 Mio DM für die Forschung bewilligt (Robert-Bosch-Stiftung 1990/1991).

(c) *Beitragsleistungen durch unternehmenseigene Produkte:* Diese Unterstützungsform nutzen insbesondere High-Tech-Unternehmen, die durch technische Unterstützung die Effizienz sozialer Aufgabenerfüllung steigern können.
Des weiteren können MitarbeiterInnen des Unternehmens für einen begrenzten Zeitraum freigestellt werden, um in sozialen Organisationen Projekte zu realisieren („Secondments") – Beispiele:

> Die meisten deutschen Automobilhersteller gewähren karitativen Organisationen für den Kauf von Dienstautos Sonderrabatte.
> Die „Siemens AG" vergibt Produktspenden an diverse soziale Einrichtungen.

(d) *Präsenz der Unternehmen bei Wohltätigkeitsveranstaltungen:* Firmen können als offizielle Sponsoren, als Mitveranstalter oder durch Übernahme der Schirmherrschaft bei Veranstaltungen in Erscheinung treten. Durch die Öffentlichkeit der Veranstaltung entsteht für das Unternehmen auch ein werbender Nutzen – Beispiele:

> Lebens- und Krankenversicherungen unterstützen verstärkt Gesundheitsaktionen, wie etwa die „Trimm-Dich-Aktion".
> „IBM-Deutschland" und andere Unternehmen unterstützten 1980 einen Drogeninformations-Bus in Frankfurt.

(e) *Engagement der Medien* als eine Sonderform des Sozial-Sponsorings: Rundfunkanstalten treten selbst als Sponsoren für soziale Organisationen auf, indem sie Fernseh- oder Radiosendungen mit gezielten Spendenaufrufen versehen oder Mitträger einer Spendenaktion werden. Oder die Printmedien stellen im Anzeigen- oder redaktionellen Teil Raum für Mitteilungen von Sozialorganisationen (sogenannte „Füller") zur Verfügung – Beispiele:

> Zeitungen füllen kostenlos ihre Anzeigenseiten auf mit Annoncen des Deutschen Roten Kreuzes, der Johanniter-Unfall-Hilfe, des Malteser Hilfsdienstes, der Björn-Steiger-Stiftung, von amnesty international.
> Die öffentlich-rechtlichen Fernsehanstalten engagieren sich bei der „Aktion Sorgenkind", dem „Müttergenesungswerk", der „Aidshilfe" und der „Aktion ‚Ein Platz an der Sonne'".

(2) Sponsoring im Bildungs- und Wissenschaftsbereich

Das Sponsoring im Bildungs- und Wissenschaftsbereich kann sich auf die Ausbildung, Weiterbildung und Umschulung in Schulen/Ausbildungsstätten und Hochschulen beziehen sowie auf die Erwachsenenbildung und wissenschaftliche Forschung. Auch hier lassen sich *vier typische Formen* beobachten:

(a) *Ausstattung von Ausbildungsinstitutionen:* Die Unternehmen überlassen Bildungseinrichtungen Bücher oder anderes Lehrmaterial. Auch Stipendien für Auszubildende oder Studierende sind als Sponsoring möglich, ebenso die Finanzierung von DozentInnen oder Lehrstühlen (Sach-/Personalausstattung). Bisher ist die Präsenz von Sponsoren im Bildungs- und Wissenschaftsbereich jedoch noch relativ selten. Allerdings ist sie auch umstritten, da Befürchtungen bestehen, daß die Unabhängigkeit der Lehre in Gefahr geraten könnte – Beispiele:

„IBM" unterstützt wissenschaftliche Hochschulen mit Geräten, MitarbeiterInnen und durch Zugriffsmöglichkeiten auf Datenspeicher und Computer-Netzwerke mit wissenschaftlichen Informationen. 1984 erhielt beispielsweise die Fachhochschule Furtwangen ein modernes Halbleiterlabor (IBM 1990). In der Bundesrepublik Deutschland sponsert „IBM" 200 Projekte in Lehre und Forschung, auf die in einschlägigen Zeitschriftenanzeigen hingewiesen wird.

Im August 1992 schlug der bildungspolitische Sprecher der nordrheinwestfälischen FDP, Andreas Reichel, vor, Reklame in Schulbüchern zuzulassen, um die hohen staatlichen Kosten für Lernmittel zu senken. Dieser Vorschlag wurde in der Öffentlichkeit kritisiert mit dem Argument, daß nur schwerlich Entscheidungskritierien festgelegt werden könnten, welche Branche werben dürfe und welche nicht. Dagegen wurde sein zweiter Vorschlag, daß die Wirtschaft Universitäten mit Büchern ausstatten dürfe, begrüßt (Stuttgarter Zeitung 1992).

(b) *Förderung von Forschungsprojekten durch Unternehmen:* Diese Form des Hochschulsponsorings kann aus Finanz- oder Sachmitteln bestehen. Firmen übernehmen beispielsweise die Kosten von Symposien, gewähren Druckkostenzuschüsse für wissenschaftliche Arbeiten, initiieren eigene Forschungsprojekte und beauftragen damit wissenschaftliche Institute.

„Die Zusammenarbeit zwischen Forschungsinstitutionen und Unternehmen wird an öffentlichen Hochschulen selbst kontrovers diskutiert. Dies betrifft Fragen der Auftragsforschung sowie der Beteiligung von Unternehmen an angewandter wissenschaftlicher Forschung. Akzeptanzschwierigkeiten ergeben sich bei solchen Forschungsinstitutionen, die bei Unternehmensengagements Eingriffe in die Freiheit der Forschung befürchten. In diesem Zusammenhang wird es künftig notwendig sein, eine stärkere Transparenz bei der Durchführung von Sponsorships zu erreichen." (Bruhn 1991, 313)

Beispiele:

In Freiburg sollen die Institute der künftigen 15. Fakultät mit den Studiengängen „Informatik" und „Mikrosystemtechnik" mit Unternehmen

kooperieren, die in diesen Bereichen tätig sind (Badische Zeitung 1992a).
An zahlreichen naturwissenschaftlichen und medizinischen Fakultäten bestehen Forschungskooperationen mit Firmen aus der EDV-, Pharmazie- und Chemie-Branche.
Die „Landesgirokasse Stuttgart" fördert über eine Stiftung verschiedene Aus-, Fort- und Weiterbildungseinrichtungen.

(c) *Gründung und Finanzierung unternehmenseigener Forschungsintitutionen:* Mit solchen Einrichtungen widmen sich vor allem größere Unternehmen selbstausgewählten Forschungsschwerpunkten – Beispiele:

Die „Shell AG" finanziert seit vielen Jahren Forschungsarbeiten über die Situation der Jugendlichen in der Bundesrepublik Deutschland. Dazu wurde das „Jugendwerk der Deutschen Shell AG" gegründet, die entsprechende Forschungen veranlaßt.
Das „B.A.T.-Freizeitinstitut" des Zigarettenherstellers „Reemtsma" in Hamburg führt regelmäßig Befragungen über das Freizeitverhalten der Bevölkerung durch.

(d) *Ausschreibung von Wettbewerben zur Förderung von Forschung und Lehre:* Unternehmen stiften Forschungspreise und erhalten durch die Verbindung mit ihrem Namen eine öffentliche, werbliche Wirkung – Beispiele:

Die „Philip Morris-Stiftung" beispielsweise prämiiert herausragende Leistungen in naturwissenschaftlichen sowie sozial- und kommunikationswissenschaftlichen Forschungsbereichen.
Die „Kölnische Rundschau" hat erstmals in den 70er Jahren StudentInnen aufgefordert, sich an einem Aufsatzwettbewerb zu aktuellen Problemstellungen im Marketing zu beteiligen.

2.3.3. Sozialorganisationen und die Selbstdarstellung

Die Grundvoraussetzung eines Sponsorings ist eine gute Öffentlichkeitsarbeit (siehe Kasten, S. 55f.): Je mehr eine Sozialorganisation sich bzw. ihre Arbeit oder Projekte öffentlich darstellt, desto größer ist die Chance, daß sich ein Sponsor gewinnen läßt. Denn mit einem „Mauerblümchen" kann der vom Unternehmen angepeilte Imagetransfer kaum gelingen. Viele Sozialorganisationen tun sich jedoch mit der Darstellung ihrer Arbeit nach außen schwer; viele begnügen sich mit gelegentlichen Hinweisen in der örtlichen Presse, mit einem „Tag der offenen Tür" oder auch mal mit einem Info-Tisch in der Fußgängerzone.
Ganz unabhängig von einem Sponsoring sollte aber eine *gute Öffentlichkeitsarbeit* für jede Sozialeinrichtung zu den *Grundvoraussetzun-*

Öffentlichkeitsarbeit, Public Relations (PR)

Öffentlichkeitsarbeit bedeutet, Vertrauen aufzubauen und ein möglichst positives Image in der öffentlichen Meinung zu erzeugen. Der soziale Bereich beschäftigt sich naturgemäß mit Themen, die von der Öffentlichkeit gern verdrängt werden oder mit denen wenig Positives assoziiert wird (Drogenabhängige, Behinderte, Obdachlose und andere Randgruppen) Deshalb ist es gerade im sozialen Bereich wichtig, Lösungsmöglichkeiten für die Probleme deutlich zu machen, d.h. einen hoffnungsvollen Blick nach vorn zu vermitteln. Die Sponsoring-Agentur „FAMOSA e.V." (1992) in München hat in ihrem Seminar-Reader zum Sozial-Sponsoring einige Tips für die Öffentlichkeitsarbeit zusammengestellt:

(a) *Pressearbeit* (einschließlich Medienarbeit über Rundfunk): Sie macht einen wesentlichen Teil der Öffentlichkeitsarbeit aus. Bei Pressemitteilungen ist von den journalistischen „Ws" auszugehen: Wer hat was, wie, wann, wo und warum getan? Das Wichtigste der Meldung sollte am Anfang stehen. Die Regel aus der Zeit des Bleisatzes ist auch heute noch gültig: Die Texte sollten so geschrieben werden, daß bei notwendigen Kürzungen immer vom Textende her gekappt werden kann, ohne daß der Sinn des Geschriebenen verloren geht. Der Inhalt der Texte sollte flott formuliert sein (Verben benutzen, Substantive mit „-ung" vermeiden; Negativ-Beispiel: „Die Abhaltung des Sommerfestes zur Durchführung bringen"). Pressemitteilungen sollten möglichst im Aktiv formuliert sein. Das Passiv ist die „Leideform" und klingt wenig überzeugend. Außerdem verleitet es zu ungenauen Angaben (Beispiel: „Dem Frauenhaus wird der Zuschuß gestrichen"; unklar bleibt, wer das Geld in welcher Höhe gestrichen hat). Namen sind Nachrichten. Die Texte müssen deshalb den Vor- und Zunamen der agierenden Personen sowie deren Funktionen innerhalb der sozialen Einrichtung beinhalten. Wie wichtig auch eine visuelle Aufbereitung von Texten ist, zeigt Abbildung 7 (S. 56). Um eine Mitteilung möglichst breit zu streuen, empfiehlt es sich, einen Presseverteiler anzulegen. Alle Zeitungen am Ort, die Anzeigenblätter und die lokalen/ (über-)regionalen Radiosender sollten zur gleichen Zeit die gleiche Pressenotiz oder Einladung erhalten. Bei außergewöhnlichen Aktionen kann die Sozialorganisation auch ans Fernsehen denken. Zu Pressegesprächen oder -konferenzen müssen die Redaktionen einige Tage vorher eingeladen werden (Beginn nicht vor 11.00 Uhr). Eventuell kann vorher eine Pressemappe angefertigt und den Redaktionen zugesandt werden. Vor einer Pressekonferenz muß aber geklärt werden, ob für das Thema nicht eine einfache Pressemitteilung ausreicht. Die MitarbeiterInnen oder Träger eines Projektes sollten ruhig den Mut zur originellen Aussage haben. Ein ausgefallenes und treffendes Zitat wird

(Fortsetzung S. 56)

der/die JournalistIn gerne aufgreifen. Von Vorteil sind persönliche Kontakte zur Redaktion (und zu Prominenten, die die Publicity noch erhöhen können).

(b) *Präsenz in der Öffentlichkeit:* Eine regelmäßige Präsenz in der Öffentlichkeit ist nicht nur über die Print- oder elektronischen Medien möglich. Soziale Einrichtungen können auch dadurch auf sich aufmerksam machen oder informieren, indem sie Handzettel verteilen, Plakate kleben, Veranstaltungen organisieren, Infostände aufbauen, Anzeigen schalten oder eine eigene Zeitung herausgeben.

(c) *Darstellung der Einrichtung:* Um einen Prospekt oder ein Kurz-Info, eine Dokumentation, einen Jahresbericht oder eine eigene Zeitung zu erstellen, sollten der Träger bzw. die MitarbeiterInnen einer Sozialorganisation die folgenden W-Fragen abklären: Was wollen wir mitteilen? Wer ist die Zielgruppe? Wann ist der richtige Zeitpunkt der Mitteilung? Zur Darstellung gehören auch Informationen, wie etwa ein Organigramm, die Einbindung der Einrichtung in das Hilfesystem, Größe, die Geschichte und Zahl der MitarbeiterInnen, leitende Personen, Ziele, Erfolge usw. Besonders zu beachten bei aufwendigen Mitteilungen sind die Kosten für das Kopieren oder Drucken und eventuell für eine Werbeagentur. Daneben sind gewisse Grundkenntnisse über Layout, Schriftbilder, Überschriften, Fotos, Grafiken und Farbenwirkung von Bedeutung. Hilfreich ist ein Archiv mit gesammelten anregenden Druckerzeugnisse anderer Organisationen. Mit etwas Übung läßt sich sogar ein Logo selbst kreieren.

(d) *Konzept für Sozial-Sponsoring:* Wird bei einem Unternehmen wegen eines Sponsorings vorgefühlt, sollte dieser Anfrage ein Kurz-Info über die Einrichtung sowie das Grobkonzept für ein Sponsorship beigefügt werden. Hierfür lassen sich gegebenenfalls auch Teile der für die allgemeine Öffentlichkeitsarbeit entwickelten Unterlagen verwenden (siehe Kapitel 3, S. 72ff.).

Abbildung 7: Wie nimmt der Mensch Informationen auf?

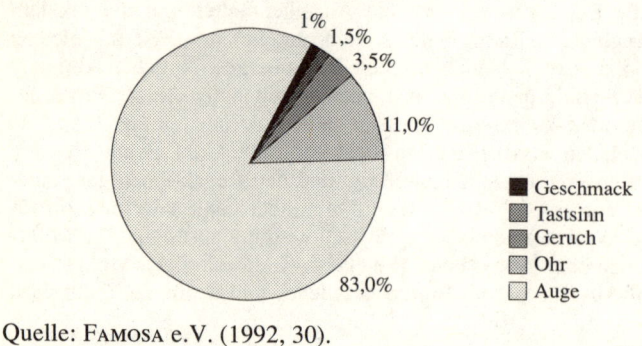

- 1% Geschmack
- 1,5% Tastsinn
- 3,5% Geruch
- 11,0% Ohr
- 83,0% Auge

Quelle: FAMOSA e.V. (1992, 30).

gen einer professionellen Arbeit zählen. Mit der Ausarbeitung einer öffentlichkeitswirksamen Selbstdarstellung kann die interne selbstkritische Reflexion der Arbeit belebt und damit ein entscheidender Schritt zur Professionalisierung getan werden (siehe Abschnitt 2.2.1., S. 38 ff.). Die erwünschte gesellschaftliche Aufwertung der Sozialen Arbeit kann ohne Verbesserung der Öffentlichkeitsarbeit nicht erreicht werden. Kommunale und staatliche EntscheidungsträgerInnen werden eher jenen Einrichtungen Zuschüsse gewähren, von denen sie bereits Gutes gehört oder gelesen haben. Ein ähnlicher Wirkungszusammenhang ist auch für SpenderInnen anzunehmen. Außerdem erhalten Betroffene dadurch eher Kenntnis (und Anschrift) von weniger bekannten Hilfeangeboten, etwa von Beratungsstellen für mißbrauchte Kinder oder psychisch Kranke, Beratungsstellen für Pflegebedürftige und deren Angehörige u.a.m. Für die Sozialorganisationen sollte es deshalb zur selbstverständlichen Aufgabe gehören, einen möglichst hohen Bekanntheitsgrad zu erzielen.

Den ersten Schritt zu einem Sponsoring tut in aller Regel die Sozialorganisation, die Geld benötigt. Die Basis für ein Sponsoring bildet eine professionelle Öffentlichkeitsarbeit. Um an potentielle Sponsoren heranzutreten, muß sich eine Einrichtung zum einen mit ihren Aufgaben und Tätigkeitsbereichen vorstellen. Des weiteren sind die Möglichkeiten für eine Sponsorship-Partnerschaft darzulegen, damit sich interessierte Unternehmen ein Bild machen können. Dies hat nichts mit „Marktschreierei" zu tun, sondern mit selbstbewußter Öffentlichkeitsarbeit. „Demütiges Bittstellergehabe steht einer sozialen Organisation schlecht zu Gesicht. Wie will sie andere vom Gewicht und Erfolg ihrer Tätigkeit überzeugen, wenn sie selbst kein Bewußtsein von der eigenen Stärke hat?", fragt Gerald Hündgen (1992, 23), Mitarbeiter einer Beratungsagentur.

Der Sozialbereich wird in der Öffentlichkeit noch stark von Klischees, wie Barmherzigkeit, Mildtätigkeit, Altruismus usw., dominiert – und mancher Sponsor ist möglicherweise genau an solchen Attributen für seinen Imagetransfer interessiert –, obwohl die Soziale Arbeit in ihrem Selbstverständnis damit nicht mehr angemessen beschreiben ist. Vielmehr ist zu beobachten:

> „Im Sozialsektor zeichnen sich Konturen einer Motivverschiebung ab, die eine interessante Parallele auf der Seite der Sponsoren aufweist, nämlich von der Mildtätigkeit zum verantwortungsbewußten Engagement." (Knopf 1990b, 176)

Auf der Basis eines solchen Selbstverständnisses läßt sich für eine Sozialorganisation leichter eine Kooperation mit einem Unternehmen bzw. ein Sponsorship vereinbaren. Soziale Einrichtungen, die an einem Sponsoring interessiert sind, sollten ausloten, ob sie ihre Arbeit auf solche Grundlagen stellen und ihr Selbstverständnis entsprechend nach außen tragen können. SozialpädagogInnen und SozialarbeiterInnen müssen gerade auch für ein Sponsoring lernen, öffentlichkeitswirksam zu agieren.

Der Entschluß, mit einem Unternehmen zusammenzuarbeiten, setzt den ernsthaften Willen zur Partnerschaft voraus. Dazu zählt, die skizzierten Standards der Öffentlichkeitsarbeit für die gesamte Dauer des vereinbarten Sponsorships (siehe Abschnitt 3.1.4., S. 82ff.) einzuhalten. Dafür ist zunächst der Gesponserte zuständig. Möglicherweise müssen die wenigen Firmen, die bisher ein Sozial-Sponsoring betreiben, vom Nutzen ihrer Unterstützung auch immer wieder überzeugt werden, um sie für langfristige Engagements zu gewinnen.

2.3.4. Unternehmen und die Glaubwürdigkeit des sozialen Engagements

Voraussetzung für ein erfolgreiches Sozial-Sponsoring ist die Glaubwürdigkeit des Unternehmens in sozialen Fragen. Das bedeutet, daß sich der Sponsor mit den sozialen Zielen inhaltlich identifizieren und dies durch eigenes Verhalten auch dokumentieren muß. Diese Anforderung gilt auch für das zurückliegende Verhalten des Unternehmens. Ein Rüstungsbetrieb beispielsweise kann keine Friedensinitiative sponsern, die Tabak- oder Alkoholindustrie nicht die Suchthilfe. Nicht jedes Unternehmen ist für Sponsoring im sozialen Bereich geeignet. Dagegen paßte das finanzielle Engagement des Katzenfutter-Produzenten „Wiskas" ganz gut mit dem Inhalt des in Wien gespielten Musicals „Cats" überein (Fohrbeck 1989).

Das Unternehmen muß sich bei einem Sponsoring vor der Öffentlichkeit legitimieren, sein Engagement wird Gegenstand der öffentlichen Diskussion sein. Das finanzielle Engagement eines Unternehmens wird von seinen Zielgruppen nur dann akzeptiert, wenn es glaubhaft ist.

> „Wenn Unternehmen ihre Verantwortung für die Gesellschaft bekennen und sich nicht blind zeigen für die in der Verfolgung ihrer Eigeninteressen bewirkten sozialen Folgen, sind sie ideale Kooperationspartner für den Sozialbereich. Sozialorganisationen können helfen, dieses Engagement glaubhaft zu machen." (Knopf 1990b, 176)

Seit einigen Jahren ist die Diskussion um erfolgreiche Strategien in der Wirtschaft gekennzeichnet durch die Ablösung von sogenannten

„harten" durch „weiche" Managementmethoden. Nicht mehr nur betriebliche Effizienz, marktorientierte Planung oder hierarchisches Leitungskonzept stehen bei vielen Firmen im Vordergrund, sondern zunehmend werden auch Fragen der sozialen Dimension des Unternehmens oder der Delegation und Dezentralisation von Entscheidungen zum Thema. Brigitte Reinbold stellt ein Umdenken der Unternehmen hin zu einem ganzheitlich-systemischen Ansatz fest, der die wirtschaftliche Organisation als ein lebendiges und soziales System begreift, das nur überlebensfähig und innovationsfähig bleibt im Austausch mit anderen gesellschaftlichen Subsystemen (Maelicke/Reinbold 1990).

Firmen, die sich nicht nur als Produktionsstätte betrachten, sondern sich als ein in die Gesellschaft verflochtenes Sozialsystem erkennen, bietet sich die Möglichkeit, mit Hilfe des Sponsorings seine soziale Verantwortung zu demonstrieren (Erbelding 1991). So, wie sich die Sozialorganisationen noch schwer tun, ihre Arbeit professionell in der Öffentlichkeit darzustellen, so zögerlich greifen auch Unternehmer bislang noch nach dem Instrument „Sozial-Sponsoring". Viele Firmen unterstützen zwar soziale Organisationen mit Spenden, aber der Gedanke, diese Unterstützung nach dem Prinzip von Leistung und Gegenleistung angedeihen zu lassen und dies öffentlich zu kommunizieren, ist ihnen fremd. Möglicherweise liegt der Grund für diese Zurückhaltung darin, daß Öffentlichkeit und Medien bisweilen hinter einem solchen Engagement ein Alibi für Fehlleistungen vermuten könnten und eine Selbstdarstellung des Unternehmens auf Ablehnung stößt.

Um sicher zu gehen, daß das in Aussicht genommene Unternehmen wirklich glaubhaft sein Sozial-Sponsoring betreiben kann, sollten Sozialorganisationen sehr sorgfältig ihre Partner prüfen, sich sehr grundsätzlich mit der Frage der Glaubwürdigkeit auseinandersetzen und danach eine Entscheidung fällen.

2.4. Der steuerrechtliche Aspekt des Sponsorings

Beim Sozial-Sponsoring betreten nicht nur Unternehmen und Sozialorganisationen Neuland, auch JuristInnen und FinanzbeamtInnen sind die einschlägigen Rechtsgrundlagen und ihre Anwendung noch nicht geläufig. Sponsoring im allgemeinen und Sozial-Sponsoring im besonderen spielen sich außerdem häufig in einer steuerrechtlichen Grauzone ab. Es fehlen präzise gesetzliche Regelungen, um die Rechtsfolgen eines Sponsorings für beide Seiten exakter abschätzen zu können.

Ein wesentliches Problem ist die *unklare Grenze zwischen Spende und Sponsoring* (siehe Abschnitt 1.1.3., S. 19 ff.). Unter den üblichen vertraglichen Regelungen eines Sponsorings, erhält eine Sozialorganisation von einem Unternehmen Geld mit der Maßgabe, diese finanzielle Hilfe in der Öffentlichkeit zu dokumentieren, beispielsweise mit dem Firmenlogo auf einer Broschüre oder mit einem Foto für die Tageszeitung. Spendet dagegen das Unternehmen der Organisation das Geld, dann muß der Empfänger diese Unterstützung nicht öffentlich machen, er kann dies aber freiwillig tun (womit kein Unterschied mehr zum Sponsoring besteht). Dieser kleine Unterschied hat große Auswirkungen: Beim Sponsorship greift das Finanzamt zu, bei der Spende nicht.

Nach derzeitiger Rechtslage stellt ein Sozial-Sponsoring – im Gegensatz zur Spende – für eine Sozialorganisation eine steuerpflichtige Einnahme dar, auch wenn sie diese für ihre gemeinnützigen Zwecke einsetzt. Für soziale Träger sind Spenden deshalb einfacher und effektiver zu handhaben. Hingegen sehen Unternehmen im Sponsoring einen Vorteil: Wenn das Sponsorship nachweislich der Werbung dient, können die Firmen ihre Aufwendungen als Betriebsausgaben geltend machen. Genau dieser Sachverhalt ist es aber, der die Finanzverwaltung veranlaßt, die Einnahmen eines Sponsorings bei den Sozialorganisationen zur Steuer zu veranlagen. Ansonsten – so die Rechtsauffassung der Finanzverwaltung – würde nämlich gegenüber Betrieben, die steuerlich nicht begünstigt sind, eine Wettbewerbsverzerrung vorliegen; vor allem Werbeagenturen wären dadurch benachteiligt. „Anders ausgedrückt: Die gesponserte gemeinnützige Körperschaft ist im Sinne einer Werbeagentur im Bereich der Öffentlichkeitsarbeit des Sponsors tätig", erklärt der Steuerberater Dieter Walenski (1993, 97), der im Bereich der Diakonie Wirtschafts- und Spendenprüfungen durchführt.

Diese Auffassung der Finanzbehörden ist umstritten. Dieter Walenski (1993, 101) sieht hier „den einzigen Ansatzpunkt gegen die Steuerpflicht des Sozial-Sponsorings materiellrechtlich vorzugehen". Seiner Meinung nach muß die Sozialorganisation den Nachweis erbringen, daß das Sponsorship *nicht den Umfang an Wettbewerb überschreitet*, der bei der *Erfüllung der Satzungszwecke* unvermeidbar ist.

„Deutsche Gesetze behindern die soziale Tat", schrieb Ende 1992 DER SPIEGEL über die besonders hart betroffene Aids-Hilfe in Berlin (siehe Ausführungen S. 66). „Das Steuerrecht hinkt neueren gesellschaftlichen Entwicklungen oft hinterher", kritisiert Dieter Walenski (1993, 101).

Wenn sich eine Sozialorganisation nicht im Paragraphendschungel verirren will, muß sie sich deshalb mit dem steuerrechtlichen Aspekt des Sponsorings intensiv beschäftigen, wenn nötig mit Hilfe von Experten.
In der Rechtsprechung ist diese Problematik des Sponsorings kaum thematisiert, weil das *Steuerrecht* dieses Instrument (noch) nicht kennt, sondern immer nur von Spende spricht. Im Steuerrecht sind *Spenden* Beiträge, die „freiwillig und ohne Gegenleistung für mildtätige, kirchliche, religiöse, wissenschaftliche und für besonders förderungswürdig anerkannte gemeinnützige Zwecke geleistet werden" (Finanzministerium Baden-Württemberg 1991, 39). Doch auch in einem solchen Fall kann das Engagement eines Spenders in der Öffentlichkeit bekannt gemacht werden, durch Artikel und Fotos im redaktionellen Teil einer Zeitung o.ä. Im Unterschied zum Sponsoring darf aber bei einer Spende über die kommunikative Gegenleistung keine schriftliche Vereinbarung zwischen dem Empfänger und dem Spender getroffen werden. Diese Art der Förderung läßt sich am zutreffendsten als „professionalisierte Spende" bezeichnen.
Bei einem *Sponsoring*, das ja die Gegenleistungen der Sozialeinrichtung vertraglich definiert, darf die soziale Einrichtung diese Zuwendung nicht als Spende (und ohne Abzüge) annehmen und eine Spendenbescheinigung ausstellen. Wenn das Finanzamt solche Verstöße feststellt, kann es dem Träger die Gemeinnützigkeit entziehen. Werden also Firmen-Gelder als Sponsoring von einem gemeinnützigen Rechtsträger (Verein, GmbH, Stiftung) angenommen, müssen diese Einnahmen auch versteuert werden.
Nimmt aber eine Sozialorganisation eine Unterstützung als Sponsoring an, so gilt sie bei den Finanzbehörden als „wirtschaftlicher Geschäftsbetrieb", der *steuerpflichtig* ist. Seit 1990 werden alle wirtschaftlichen Betätigungen eines gemeinnützigen Rechtsträgers zu einem einheitlichen steuerpflichtigen „wirtschaftlichen Geschäftsbetrieb" (§ 14 Abgabenordnung) zusammengefaßt; dazu gehören z.B. Vereinsgaststätten, Übernachtungsheime, Vereinsfeste, das Inseratengeschäft in Vereinszeitschriften und der Bereich der Werbung (was in erster Linie Sportvereine betrifft) und eben auch die Einnahmen aus einem Sponsoring. Seinen Steueranteil fordert der Staat aber erst dann ein, wenn der wirtschaftliche Geschäftsbetrieb den Betrag von 60.000 DM pro Jahr überschreitet. Diese *Freigrenze* bedeutet, daß für *Brutto-Einnahmen bis 60.000 DM keine Körperschaft- und Gewerbesteuer* zu bezahlen sind (Finanzministerium Baden-Württemberg 1991).
Die meisten sozialen Einrichtungen dürfen sich laut Satzung ausschließlich gemeinnützig betätigen und keine Gewinne erzielen.

Doch auch sie können einen wirtschaftlichen Geschäftsbetrieb unterhalten, dieser darf aber *nicht überwiegen*.
Die Vorschrift über wirtschaftliche Geschäftsbetriebe stellt also die gewerbliche Betätigung von gemeinnützigen Organisationen voll unter Steuerpflicht (§ 64, 14 Abgabenordnung). Sie soll eine Verzerrung des Wettbewerbs verhindern, denn eine steuerbefreite Organisation kann günstiger kalkulieren als ein steuerpflichtiger Betrieb.
Doch der Gesetzgeber hat eine *Ausnahmeregelung* geschaffen, die es gemeinnützigen Organisationen in bestimmten Fällen erlaubt, *steuerbefreit oder steuerbegünstigt* zu wirtschaften. Für diese Ausnahmefälle haben sich die Finanzbehörden das Wort „Zweckbetrieb" ausgedacht. Ein wirtschaftlicher Geschäftsbetrieb wird steuerrechtlich dann zum *Zweckbetrieb*, wenn:

(a) der Zweckbetrieb in seiner Gesamtrichtung dazu dient, die steuerbegünstigten satzungsgemäßen Zwecke der Körperschaft zu verwirklichen,
(b) die Zwecke dieses Betriebs nur durch einen solchen Geschäftsbetrieb erreicht werden können,
(c) der Zweckbetrieb „normal steuerpflichtigen" Betrieben nicht mehr Konkurrenz macht als unbedingt notwendig, um die satzungsgemäßen Zwecke zu erfüllen (Wettbewerbsverzerrung).

Als Zweckbetriebe werden kulturelle Einrichtungen, sportliche Veranstaltungen, kurzzeitige Vermietungen von Sportgaststätten an Mitglieder, genehmigte Lotterien (zweimal pro Jahr) und *Einrichtungen der Wohlfahrtsverbände* angesehen, wie zum Beispiel Behindertenwerkstätten, Altenheime, Cafeterien von Seniorenbegegnungsstätten, Discos in Jugendzentren oder Essen auf Rädern (siehe § 68 Nrn. 1–5 der Abgabenordnung; siehe Abbildung 8, S. 63). Alle Einnahmen links des Balkens müssen versteuert werden, wenn ihr Gesamtbetrag die Freigrenze von 60.000 DM übersteigt. Spenden, Mitgliedsbeiträge und öffentliche Zuschüsse an einen Zweckbetrieb sind somit steuerfrei.
Dieses Schaubild ist jedoch nicht auf die *Umsatzsteuer* anzuwenden. Neben Körperschafts- und Gewerbesteuern unterliegen gemeinnützige Vereine auch der Umsatzsteuer, wenn sie ihre Leistungen gegen Entgelt ausführen, z.B. Eintrittsgelder für einen Vortrag erheben.

„Ein Verein braucht keine Umsatzsteuer zu zahlen, wenn die steuerpflichtigen Einnahmen einschließlich der darauf anfallenden Steuern aus seiner gesamten unternehmerischen Betätigung im vorangegangenen Kalenderjahr 25.000 DM nicht überstiegen haben und im laufenden Kalenderjahr voraussichtlich 100.000 DM nicht übersteigen werden." (Finanzministerium Baden-Württemberg 1991, 31)

Wenn der Umsatz, z.B. Sponsoring-Einnahmen, Bücherverkauf oder Erlös einer Veranstaltung, *über 25.000 DM* liegt, fallen im Folgejahr *Umsatzsteuern* an. Einnahmen des Vereins aus Mitgliedsbeiträgen, Zuschüssen oder Spenden lösen in der Regel keine Umsatzsteuer aus, da in diesen Fällen der Verein keine Gegenleistung an den Förderer gibt (siehe auch die Ausführungen im Kasten, S. 64).

Für einen gemeinnützigen Verein ist es in der Abwicklung einfacher, finanzielle Unterstützung als Spende (ohne schriftliche Vereinbarung über Werbeleistungen) zu bekommen, da damit weder steuerliche Auflagen noch Gegenleistungen verbunden sind.

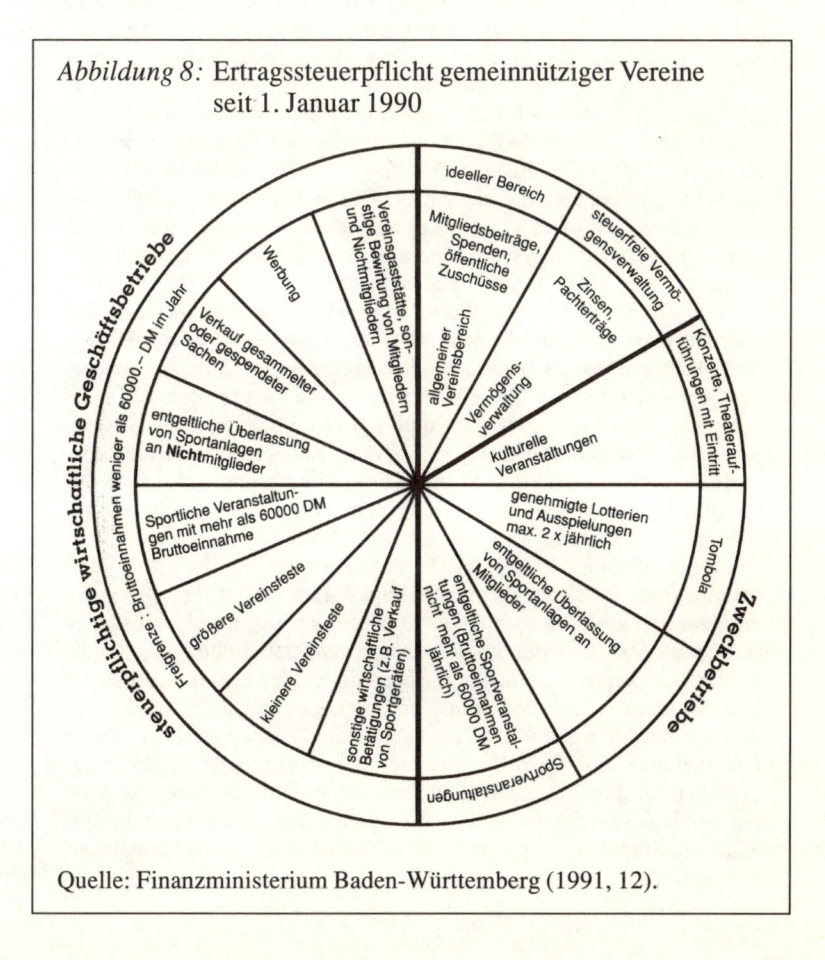

Abbildung 8: Ertragssteuerpflicht gemeinnütziger Vereine seit 1. Januar 1990

Quelle: Finanzministerium Baden-Württemberg (1991, 12).

Wenn eine soziale Einrichtung viel Geld benötigt, kann es sinnvoll sein, eine aufwendige Spenden-Aktion zu starten sowie nach einer

> Rechtsgrundlagen
>
> (1) *Für die Gesponserten gilt:* Sponsoring-Gelder sind steuerpflichtige Einkünfte. Wenn der Gesamtumsatz des Rechtsträgers, einschließlich der Sponsoring-Gelder, über 60.000 DM pro Jahr beträgt, ist er auch steuerwirksam. Die Körperschaftsteuer beträgt dann 46%, die Höhe der Gewerbesteuer hängt vom Hebesatz der jeweiligen Gemeinde ab (in Freiburg ca. 25%). Alle gemeinnützigen Vereine, die die Besteuerungs-Freigrenze von 60.000 DM überschreiten, sowie alle steuerpflichtigen Vereine können jährlich einen zusätzlichen Freibetrag von 7.500 DM in Anspruch nehmen. Außerdem können Betriebsausgaben (anteilig: Verwaltungskosten, Miete, Werbeausgaben, Lohnkosten u.a.), die unmittelbar mit dem Sponsoring getätigt wurden, abgezogen werden. Dies kann im Einzelfall zu Streit mit dem Finanzamt führen und sollte deshalb vorher geklärt werden. Wenn im Vorjahr der Umsatz unter 25.000 DM lag, in diesem Jahr aber Sponsoring-Einnahmen über 25.000 DM bezogen werden, dann fällt im Folgejahr Umsatzsteuer an (bei einem Zweckbetrieb 7%; bei einem wirtschaftlichen Geschäftsbetrieb 14%). Dies gilt es zu bedenken, bevor das Geld ausgegeben ist. Sonst kann es passieren, daß das Finanzamt Forderungen erhebt und die Mittel längst verbraucht sind.
>
> (2) *Für die Sponsoren gilt:* Sponsoring wird vom Finanzamt als Betriebsausgabe (§ 4 Abs. 4 EStG) zu Werbe- bzw. PR-Zwecken akzeptiert, wenn die Werbeleistung deutlich erkennbar ist. D.h. die werbende Gegenleistung des Geförderten muß dem finanziellen Aufwand entsprechen. Werbeaktivitäten sind z.B. Übernahme einer Schirmherrschaft, Pressemitteilungen, PR in der firmeneigenen Zeitung. Betriebsausgaben vermindern das Betriebsvermögen und damit auch den zu versteuernden Gewinn des Unternehmens. Eine Betriebsausgabe setzt eine vertragliche Vereinbarung über Form, Zeitpunkt und Dauer der Gegenleistung voraus. Im Gegensatz zur Spende hat das Unternehmen einen größeren finanziellen Spielraum, da die steuerliche Begrenzung wegfällt (maximal 0,2 Prozent der Summe der gesamten Firmenumsätze und der im Jahr aufgewendeten Löhne können als Spende anerkannt werden); d.h. Sponsorengelder lassen sich bei den Finanzämtern in weit höherem Maß absetzen als Spenden und fallen deshalb oft höher aus. Finanziell spielt es zunächst keine Rolle, ob das Unternehmen eine Spende oder einen Sponsoring-Betrag gibt, da es im seltensten Fall mehr als 0,2 Prozent seines Umsatzes spenden wird und größere Spenden meist über Medienberichte publik gemacht werden; eine Praxis, die das Finanzamt bislang duldet („professionalisierte Spende").

kleinen Sponsoring-Summe zu suchen, die unter dem Freibetrag liegt – sprich: *Sponsoring-Spenden-Mix.*
Es ist auch möglich, große Sponsoring-Summen sowie die Gegenleistungen auf mehrere Jahre zu verteilen, um unter der Besteuerungs-Freigrenze zu bleiben.
Oder soziale Einrichtungen gründen eigene wirtschaftliche Geschäftsbetriebe, um die Gemeinnützigkeit nicht zu gefährden.
Petra Orlowski und Gertrud Wimmer von der Sponsoring-Agentur „FAMOSA" (1992, 31) in München heben bei einer Spende folgenden Aspekt hervor:

> „Insgesamt ist es steuerschädlich, wenn die soziale Einrichtung sich darauf einläßt, daß der Spender mit seiner Gabe Bedingungen verknüpft, die als Gegenleistungen angesehen werden können. Finanzämter haben aber Ermessensspielräume, die zu nutzen sind."

Die passive Nennung der sozialen Einrichtung durch das Wirtschaftsunternehmen in der Öffentlichkeit wird in der Regel von den Finanzämtern als steuerunschädliche werbliche Gegenleistung anerkannt. Dennoch sind die Grenzen zwischen Spende und Sponsoring fließend und müssen im Einzelfall *mit der Steuerbehörde abgeklärt* werden. Ermessensspielräume können nur *vor Vertragsabschluß* besprochen werden. Wenn die Gegenleistung der Sozialeinrichtung im Vertrag steht, ist es zu spät. In einem Interview sagt Irmgard Nolte von der Sponsoring-Agentur „Neues Handeln":

> „Da gibt es aber einen Verhandlungsspielraum, da das vom Gesetzgeber nicht genau festgelegt ist. Also, vor dem Sponsoring-Vertrag mit dem Finanzamt reden und deutlich machen, für welchen Zweck das Geld benötigt wird. Es ist möglich, die Steuern auf ca. 15% zu reduzieren, ich kenne auch einen Fall, in dem der Verein überhaupt keine Steuern hat zahlen müssen." (FAMOSA 1992, 75)

Eine Möglichkeit, steuerfrei zu bleiben, ist die *Verpachtung von Werberechten*. Die Sponsoring-Gelder von „C&A" für das Kinder- und Jugendtelefon (siehe S. 31 ff.) flossen beispielsweise über die Vermittlungsagentur. Mit dieser Verpachtung an eine Agentur liegt eine Vermögensverwaltung[3] (§ 14 Satz 3 Abgabenordnung) vor. Da-

---

[3] Die häufigste Anwendung von Vermögensverwaltung ist die Verpachtung einer Gaststätte durch den (gemeinnützigen) Sportverein oder die Übertragung der Bandenwerbung in Sportstadien an eine Werbeagentur. Wird also ein wirtschaftlicher Geschäftsbetrieb vom gemeinnützigen Verein langfristig verpachtet, bleiben die Erträge steuerfrei (Finanzministerium Baden-Württemberg 1991). Allerdings müssen dem Pächter bzw. der GmbH min-

mit sind Erträge aus dem Vereinsvermögen von der Körperschafts-, Gewerbe- und Umsatzsteuer befreit. Dieser legale „Trick" ermöglicht einer gemeinnützigen Organisation, eine GmbH zu gründen und ihr die Werbeeinnahmen bzw. die Sponsorengelder zu verpachten. Damit wird die Gesellschaft zu einer (körperschafts- und gewerbesteuerfreien) Vermögensverwaltung (Umsatzsteuer: 7%). Der Verein muß nicht um seine Gemeinnützigkeit bangen, weil er kein wirtschaftlicher Geschäftsbetrieb mit voller Steuerpflicht wird, wenn er über die Gesellschaft Sponsoring-Gelder annimmt.
In dem einen oder anderen Fall mag es sogar sein, daß ein Rechtsträger mit seiner GmbH Verluste gemacht hat und für diesen Betrag eine Sponsoring-Summe auftreiben kann. Verlust und Einnahmen werden verrechnet, so daß der Rechtsträger unter der Freigrenze bleibt und keine Steuern bezahlen muß. Diese Möglichkeiten gilt es, im Einzelfall rechtlich genau abzuklären.
Bestimmte Einrichtungen des Bundes und der Länder hingegen, wie etwa Hochschulen, Museen und Orchester, unterliegen mit ihren Einkünften durch ein Sponsoring (Stiftungslehrstühle, Sponsorenverträge von Theatern) nicht der Steuerpflicht, weil sie Körperschaften des öffentlichen Rechts sind (Bruhn/Mehlinger 1992).
Die Aids-Hilfe Berlin will zusammen mit ihrem Sponsor, einem Berliner Softwarehaus, auf politischer Ebene eine Regelung erkämpfen, die das Sozial-Sponsoring nach einer Einzelfallprüfung von der Steuerpflicht befreit.

> Michael Specht von der Aids-Hilfe sieht seine Organisation in der Vorreiterrolle: „Alle sozialen Einrichtungen und Firmen, besonders in Berlin, starren auf die Aids-Hilfe und die anstehende rechtliche Regelung, bevor sie sich im Sponsoring engagieren wollen" (Telefonat vom 23. November 1992). Bisher soll die Aids-Hilfe, laut Berliner Senatsverwaltung für Finanzen, von der Sponsoring-Summe Körperschaftsteuern von 46% abführen. Immerhin bekommt die Aids-Hilfe 300.000 DM jährlich (zunächst auf fünf Jahre befristet) von der „Gesellschaft für Prozeßsteuerung und Informationssysteme" (PSI). Dieser Sockelbetrag wird sogar erhöht, wenn die Firma ein Umsatzplus macht; aber nicht gekürzt. Als Gegenleistung verpflichtet sich die soziale Organisation, dreimal im Jahr für PSI als Werbeträger zur Verfügung zu stehen – beispielsweise bei der Computermesse „Cebit" in Hannover, wo am Ausstellungsstand nicht nur über High-Tech beraten, sondern auch über Aids aufgeklärt werden soll. Um nicht die Hälfte des Geldes an das Fi-

---

destens 10 Prozent Gewinn bleiben, sonst ist der Vertrag unwirksam. Die Abgrenzung zwischen Vermögensverwaltung und wirtschaftlichem Geschäftsbetrieb ist allerdings rechtlich nicht eindeutig geklärt.

nanzamt zu verlieren, fließt die Sponsoring-Summe in ein Projekt, das bisher aus Eigenmitteln finanziert wird und keine staatliche Unterstützung erhält.

Aufgrund der steuerrechtlichen Gegebenheiten empfiehlt es sich für die gemeinnützige, soziale Einrichtung, dem Unternehmen ein *Spenden-Sponsoring-Mix* anzubieten. Dabei sollte sie die Summe des steuerpflichtigen Sponsorships möglichst niedrig ansetzen, um den Restbetrag als steuerfreie Spende zu erhalten. Diese Mischung erlaubt einen Vertrag über Gegenleistungen, auf den die Firmen großen Wert legen. Im Gegenzug muß sich der Sponsor mit geringen Betriebsausgaben begnügen. Weil er aber auch Spenden von der Steuer absetzen kann, dürfte dieser Weg ein für beide Seiten akzeptabler Kompromiß sein.

Es ist zu hoffen, daß der Gesetzgeber in den nächsten Jahren aufgrund des verstärkten Sponsoring-Engagements der Unternehmen auf die unklaren und komplizierten Verhältnisse beim Sponsoring reagiert, besonders im Steuerrecht. Eine gesponserte Organisation müßte dazu in einem Musterprozeß gegenüber der Finanzbehörde den Nachweis erbringen, daß sie durch eine Sponsoring-Summe nicht über ihren Satzungszweck hinaus mit vergleichbaren Betrieben in Wettbewerb tritt und dadurch einen Vorteil hat. „Ob ein Verein selbst Werbeverträge abschließt oder dies einer eigens zu diesem Zweck gegründeten Gesellschaft überträgt, sollte nicht zu einer unterschiedlichen Besteuerung führen" (Bruhn/Mehlinger 1992, 225). Aber auch andere Gesetze sind davon betroffen, wie das Medienrecht oder das Gesetz gegen den unlauteren Wettbewerb. Außerdem geht es um urheberrechtliche, rundfunk- und presserechtliche Fragen. Manfred Bruhn erwartet, daß erst ein einheitliches europäisches Recht diese strittigen Bereiche klärt (Bruhn/Mehlinger 1992). Bis dahin ist jeder Sozialorganisation die Hilfe von Experten (Agentur, SteuerberaterIn, Finanzamt) in diesem schwierigen Bereich zu empfehlen.

2.5. Sponsoring-Agenturen

Ein Sozial-Sponsorship auf die Beine zu stellen, ist schwierig und zeitaufwendig und erfordert eine gewisse Professionalität. Für soziale Organisationen sind die Risiken, Chancen und die Dynamik einer Zusammenarbeit mit Wirtschaftsunternehmen schwer vorhersehbar. Für diesen nicht zu unterschätzenden organisatorischen und kommunikativen Aufwand bieten immer häufiger kommerzielle Agenturen ihre Dienstleistungen an. Eine professionelle Beratung kann die Risiken eines Sponsorings vermindern. Ein weiterer Vorteil besteht

darin, daß die MitarbeiterInnen einer Sozialorganisation lernen, eine professionelle Öffentlichkeitsarbeit zu betreiben.
Ziele, Möglichkeiten und Schwerpunkte der Zusammenarbeit mit einer Agentur sollten schon angesichts der damit verbundenen Kosten bereits im Vorfeld geklärt werden; für eine zweitägige Beratung verlangt die Agentur „Neues Handeln" in Köln beispielsweise 5.000 DM. Es gibt Agenturen, die direkt für die Industrie arbeiten und bis zu 30 Prozent der Sponsoring-Summe abschöpfen. Die Agentur „Neues Handeln" ist mit 15 Prozent an den Sponsoring-Projekten beteiligt (Tarneden 1992). Öffentlich geförderte Projekte dagegen können kostenlos beraten (siehe Abschnitt 2.5.2., S. 69ff.). Walter Wilken, Geschäftsführer des deutschen Kinderschutzbundes, sieht auch kritische Punkte bei einer Sponsoring-Beratung durch eine Agentur: „Sehr schnell hatten wir einen Katalog unglaublich ehrgeiziger Projekte, die wir weder personell noch vom Know-how umsetzen konnten" (Wilken, zit. nach Tarneden 1992, 20). Die Folge davon ist dann häufig, daß die guten Ideen in der Schublade verschwinden oder die Agentur einen Auftrag mit unüberschaubarem Ausgang bekommt.

2.5.1. Anforderungsprofil

Die Aufgabe einer Agentur ist es, bei der Anbahnung eines Sponsorships und der Vermittlung eines passenden glaubwürdigen Sponsoring-Partners zu helfen. Zu ihrer Aufgabe gehören außerdem die Umsetzung, Durchführung und Kontrolle des Sponsorships.
Die Bank für Sozialwirtschaft (o.J., 48) stellt an eine Sponsor-Agentur folgendes Anforderungsprofil:

(a) Profunde Erfahrungen auf dem Gebiet des Marketings und der Kommunikation,
(b) Insiderkenntnisse der Sozialen Arbeit,
(c) Kontakte zu Verbänden, Institutionen, Persönlichkeiten und MultiplikatorInnen,
(d) Medienkontakte,
(e) full service-Angebot hinsichtlich Planung und Umsetzung von Sponsoring-Maßnahmen,
(f) objektive Beratung (frei von Vermarktungsinteressen),
(g) Seriosität und Glaubwürdigkeit bezüglich der Personen und Konzepte.

Daneben braucht eine Agentur Einfühlungsvermögen und Fachwissen in rechtlichen (besonders steuerlichen) Fragen. Sie ist zugleich

„Prellbock" oder „Dialogbrücke" zwischen den Beteiligten. Aber sie kann den Sponsoren wie auch den Gesponserten nicht ersparen, sich gemeinsam in einen Lernprozeß zu begeben; eine Agentur kann hier nur Vermittler, Moderator oder Katalysator sein.

2.5.2. Beispiele

Die Beratungsgesellschaft „Neues Handeln" vermittelt Sponsorships für bundesweite Projekte mit großer Ausstrahlung.
Für kleinere Sozialorganisationen fühlt sich „FAMOSA" in München zuständig, das sich bis 1993 „Projekt zur Förderung der Familienselbsthilfe" nannte.
Eine kostenfreie Alternative ist das Modellprojekt „social sponsorship", das an der Universität Münster angesiedelt ist.

(1) *Beratungsgesellschaft „Neues Handeln"* (Vollständige Bezeichnung: „Beratungsgesellschaft für sozial verantwortliches Wirtschaften und demokratische Kultur ‚Neues Handeln' in Köln" – Anschrift: Neues Handeln, Theodor-Heuss-Ring 52, 50668 Köln, Tel.: 0221/133066, Fax: 0221/137959):

> Die Agentur wurde 1988 in Köln gegründet und beschäftigt ein Team von fünf festen MitarbeiterInnen. Ihre Arbeit besteht aus der Beratung und Betreuung von Verbänden, Vereinen und Institutionen aus dem sozialen, ökologischen und kulturellen Bereich und umfaßt insbesondere die Bereiche „Marketing" und „Kommunikation".
> „Wir verstehen uns als Mittler zwischen sozialer Organisation und Unternehmen. Unser Ziel ist die Verwirklichung eines Imagetransfers zwischen den Beteiligten. Unsere Arbeit besteht in der Übersetzung unterschiedlicher Sprachen und Entscheidungsstrukturen für konkrete Projekte", sagt Irmgard Nolte (zit. nach Tarneden 1992, 20) Mitarbeiterin der Agentur „Neues Handeln".
> Die Tätigkeit reicht von der Bestimmung des Ist-Zustandes einer sozialen Organisation über daraus resultierende Maßnahmen zur Erhöhung der Motivation von MitarbeiterInnen bis hin zur Erschließung neuer Finanzierungsquellen wie Sponsoring.
> „Neues Handeln" bietet Workshops und Seminare an zu den Bereichen „Sozial-Marketing", „Finanzierung" und „Öffentlichkeitsarbeit". Die Gesellschaft erstellt Marketing- und Kommunikationskonzepte und setzt sie um. Dazu gehört auch eine bundesweite Sponsoren-Kooperation nach den individuellen Bedürfnissen der Sozialorganisationen.
> Zu den Kunden von „Neues Handeln" gehören die „Verbraucherinitiative Bonn", ein kleines Kölner Theater, die „Aidshilfe NRW", das „Kinder- und Jugendtelefon des Kinderschutzbundes", die „Elterninitiative Montessori" u.a. (Winter 1992).

(2) „Famosa e.V." (Anschrift: Bräuhausstr. 2, 80331 München, Tel.: 089/29 55 40, Fax: 22 25 69):

Die Agentur geht zurück auf konzeptionelle Überlegungen zweier Frauen mit Erfahrungen im PR-Bereich bzw. in sozialen Initiativen. Sie wollten sozialen Einrichtungen bei alternativen Finanzierungsmöglichkeiten behilflich sein. Die Münchner Stelle war das erste öffentlich geförderte Projekt im Sozial-Sponsoring-Bereich. Sie wird seit November 1990 über ABM-Mittel und von der Kommune finanziert.
„Famosa" hat neben der Aufgabe als „Fach- und Mittlerorganisation für soziale Aktivitäten" ein Erweiterungsprojekt zur Existenzgründung für Frauen ins Leben gerufen. Trotz dieser Aufgabenausweitung ist die finanzielle Absicherung der Agentur mit Schwierigkeiten verbunden.
Bislang haben nach Auskunft der Agentur (1993) rund 50 Vereine angefragt. Laut Petra Orlowsky, eine der Mitarbeiterinnen, mangelt es sozialen Einrichtungen zunächst an einer guten Öffentlichkeitsarbeit, die allein über die Chance entscheidet, von Firmen wegen eines Sponsorings angesprochen oder in die engere Auswahl genommen zu werden. Deshalb bietet „Famosa" den MitarbeiterInnen von Sozialorganisationen zunächst einmal an, die PR-Arbeit zu verbessern, die Publikationen ansprechend zu gestalten, zielgruppenspezifische Werbeaktionen zu konzipieren u.a.m. Sodann berät sie bei der Auswahl von Firmen, wobei sie sich zur Vermittlung von Unternehmen auch kommerzieller Agenturen bedient.
Beabsichtigt ist, in einer Art Katalog alle interessierten sozialen Organisationen kurz vorzustellen und deren Projekte und Finanzbedarf zu benennen. Diese „Angebotsliste" kann dann interessierten Firmen vorgelegt werden. Für kleinere Sozialorganisationen, die kein eigenes Profil mitbringen (können), soll ein Fond eingerichtet werden.
„Famosa" setzt bei alternativen Finanzierungsquellen nicht nur auf Sozial-Sponsoring. Andere Finanzierungsmöglichkeiten, wie etwa der Aufbau eines Förderkreises, Bußgelder oder Benefiz-Veranstaltungen sind gerade für kleine Vereine genauso wichtig (siehe Anhang, S. 118ff.). Die Agentur bietet bundesweit Seminare an und verkauft ihren Seminar-Reader „Zauberformel Sozial-Sponsoring?".

(3) *„Arbeitsstelle ‚social sponsorship'"* (Anschrift: Institut für Wirtschaftswissenschaften und ihre Didaktik an der Universität Münster, Arbeitsstelle „social sponsorship", Fliednerstr. 21, 48149 Münster, Tel.: 02 51/83 43 03, Fax: 02 51/83 20 90):

Die Arbeitsstelle „social sponsorship" wurde 1993 am Institut für Wirtschaftswissenschaften und ihre Didaktik der Universität Münster eingerichtet. Diese Stelle wurde gemeinsam mit dem örtlichen Arbeitsamt konzipiert und will Institutionen, die im sozialen oder ökologischen Bereich arbeiten, mit förderwilligen Unternehmen zusammenführen. „Der universitäre Raum ist aus mehreren Gründen ein günstiger Standort", erklärt der Leiter von „social sponsorship", Christian Berthold.

„Einerseits bietet er Spezialisten quer durch alle Fachrichtungen hindurch an, mit deren Know-how bestehende Fördervorhaben begleitet werden können. Andererseits kann man die Universität auch gleichzeitig als Konzeptionsschmiede für innovative Ideen einsetzen." (Frankfurter Rundschau 1992c)
Die Stelle möchte nicht nur eine Vermittlerfunktion wahrnehmen. Sie legt Wert auf die inhaltlichen Akzente der sozialen Projekte. Es sollen soziale Konzepte entwickelt werden, die innovativen Charakter haben und zur Problemlösung beitragen. In der kostenlosen Beratung bekommen soziale Einrichtungen Kriterien an die Hand, wie sie für Sponsoren interessant sein könnten. Auch Unternehmen fragen nach geeigneten Sozialprojekten, die sie unterstützen wollen.
Die traditionellen Aufgaben der Universität von Lehre und Forschung werden hier für eine konkrete Projektentwicklung erweitert. Die Fachkompetenzen der ProfessorInnen der Universität können vor Ort genutzt werden. Für Christian Berthold ist dies eine andere Variante des Wissenschaftstransfers an der Universität.
In einem ersten Sozial-Sponsoring-Projekt konnte eine Unternehmensberatung, die „GfR-Beratungsgruppe", gewonnen werden, die mit ihrem Know-how die Effizienz des DRK-Kreisverbands Münster kostenlos untersuchte.
An der Universität Hamburg soll eine ähnliche Stelle geschaffen werden, die sich mit allen Bereichen des Sponsorings beschäftigen will und darüber auch Drittmittelwerbung für die Universität betreiben soll.

3. Planungsprozeß eines Sozial-Sponsorings

Wenn der Träger und die MitarbeiterInnen einer Sozialorganisation einem Sponsoring nähertreten wollen, müssen sie sich gründlich vorbereiten und verschiedene Gesichtspunkte und Schritte bei ihrer Entscheidung bedenken. Der nachfolgende Stufenplan (Abschnitt 3.1.) soll dazu als Orientierungshilfe dienen.
Parallel zu den Planungen und Entscheidungen in der Sozialorganisation müssen auch die Unternehmen entsprechende Klärungen und Vorbereitungen treffen (Abschnitt 3.2.). Die Vorgehensweise bei den Unternehmen sollten in den Sozialorganisationen im Interesse einer guten Zusammenarbeit nicht unbekannt sein.

3.1. Stufenplan für die Sozialorganisationen

Schematisierte Planungsabläufe für ein Sponsoring sind bezeichnenderweise bislang nur auf Unternehmensseite entwickelt worden. Lediglich die „Bank für Sozialwirtschaft" und die Sponsoring-Agentur „Famosa e.V." haben (eher unsystematisch aufbereitete) Tips für Sozialorganisationen zusammengetragen und veröffentlicht. Darauf aufbauend ist der nachstehende Stufenplan konzipiert, mit dem soziale Einrichtungen ein Sozial-Sponsoring angehen können (siehe Abbildung 9, S. 73). Der Planungsprozeß für Sozialorganisationen reicht – über *fünf Stufen* – von der Grundsatzdiskussion unter den MitarbeiterInnen der Sozialorganisation bis hin zur Auswertung eines beendeten Sponsorships.

3.1.1. Situationsanalyse

Die Situationsanalyse einer Sozialorganisation sollte folgende drei Punkte umfassen: eine Grundsatzentscheidung, ob ein Sponsorship für sinnvoll gehalten wird, eine Beschreibung des zu sponsernden Projektes und die Klärung, ob man sich der Hilfe einer Sponsoring-Agentur bedienen will.

(1) Grundsatzentscheidung

Zu Beginn eines Sponsorships müssen die MitarbeiterInnen und der Träger einer sozialen Einrichtung grundsätzlich klären, ob ein Sponsoring für sie überhaupt in Frage kommt und eine geeignete Finanzierungsmaßnahme darstellt.

Unternehmen verfolgen mit einem Sponsoring bestimmte Ziele für ihr Unternehmen (siehe Abschnitt 3.2.1., S. 93ff.). Sie wollen nicht aus altruistischen Motiven die laufenden Kosten von Sozialer Arbeit decken. Vielmehr benötigen sie bestimmte Projekte aus der Sozialen Arbeit, die ihnen den erwünschten Imagetransfer ermöglichen und die sich medienwirksam darstellen lassen. Die Attraktivität eines Projektes besteht für einen potentiellen Sponsor darin, aus der Arbeit dieses Projektes einen „kommunikativen Nutzen" ziehen zu können. Gerald Hündgen (1992, 24) von der Sponsoring-Agentur „Neues Handeln" in Köln empfiehlt zur Klärung dieser Frage ein einfaches Rollenspiel, „bei dem man sein Anliegen einmal aus den Augen der Medien betrachtet. Ist das neu? Ist das interessant? Ist das wichtig?". Es ist also zu prüfen, ob in der Sozialorganisation solche innovativen und medienwirksamen Projekte vorhanden sind oder initiiert werden können.

Noch grundsätzlicher aber ist die Frage, ob Träger und MitarbeiterInnen in sozialen Einrichtungen einem Sponsoring generell positiv gegenüberstehen: Können sie akzeptieren, daß der Sponsor aus der

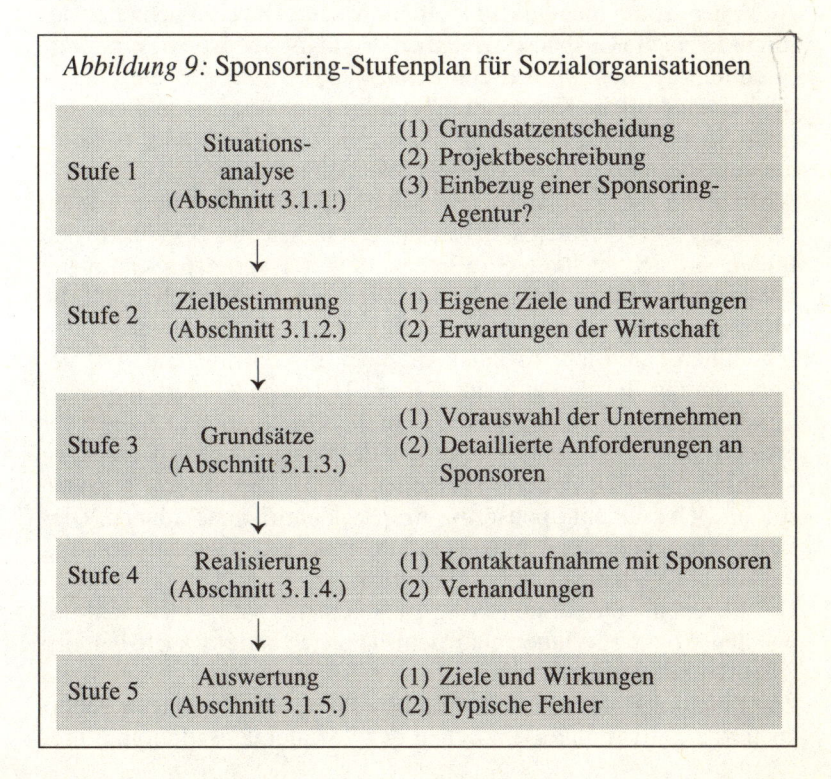

Abbildung 9: Sponsoring-Stufenplan für Sozialorganisationen

Stufe 1	Situations-analyse (Abschnitt 3.1.1.)	(1) Grundsatzentscheidung (2) Projektbeschreibung (3) Einbezug einer Sponsoring-Agentur?
Stufe 2	Zielbestimmung (Abschnitt 3.1.2.)	(1) Eigene Ziele und Erwartungen (2) Erwartungen der Wirtschaft
Stufe 3	Grundsätze (Abschnitt 3.1.3.)	(1) Vorauswahl der Unternehmen (2) Detaillierte Anforderungen an Sponsoren
Stufe 4	Realisierung (Abschnitt 3.1.4.)	(1) Kontaktaufnahme mit Sponsoren (2) Verhandlungen
Stufe 5	Auswertung (Abschnitt 3.1.5.)	(1) Ziele und Wirkungen (2) Typische Fehler

Unterstützung eines Projekts aus dem sozialen Bereich einen wirtschaftlichen Nutzen für sich selbst erwartet und erzielt (siehe dazu ausführlich: Kapitel 4., S. 109ff.). Im besonderen ist auch zu klären, ob die in Aussicht genommenen Unternehmen mit dem Selbstverständnis und den Zielen der Sozialorganisation vereinbar sind. Zu den Vorüberlegungen gehört deshalb unabdingbar, die Vor- und Nachteile eines Sponsorings für die Einrichtung abzuwägen und mögliche Risiken einzuschätzen, die sich aus der Zusammenarbeit mit Unternehmen ergeben könnten.

Ein wichtiges Entscheidungskriterium ist, daß die Sozialorganisation finanziell wie auch inhaltlich ihre Unabhängigkeit bewahrt. Zu fragen ist beispielsweise: Bleibt die Autonomie für die Arbeit erhalten? Ergibt sich aus der finanziellen Förderung durch ein Wirtschaftsunternehmen nicht eine psychologische Abhängigkeit („Dankbarkeitsschuld")? Wieviel Geld kann/soll in welchem Zeitraum durch das Sponsoring akquiriert werden? Welche Formen der Mischfinanzierung sind wünschenswert (auch um der Gefahr der Mittelkürzungen durch staatliche Stellen zu entgehen)?

Außerdem sollte thematisiert werden, welche Erwartungen oder Befürchtungen die Gesponserten haben, wenn ihr Sponsoren-Verhältnis öffentlich gemacht wird (Schürmann 1988). Akzeptiert die Öffentlichkeit eine solche Kooperation? Auch ist abzuklären, ob die bisherigen SpenderInnen durch ein Sponsoring sich überflüssig vorkommen und deshalb stärker „gepflegt" werden müssen.

Assoziieren die hauptamtlichen MitarbeiterInnen mit dem Namen des Geldgebers Negatives, haben sie Aversionen oder Vorbehalte und fühlen sie sich in ihrer beruflichen Identität verletzt (Schürmann 1988)? Wie wirkt sich eine Kooperation mit der Wirtschaft auf die Motivation der (ehrenamtlichen) MitarbeiterInnen, die sich ausschließlich durch ihre sozialen Aufgaben motivieren? Unlängst geriet – um ein Beispiel zu nennen – der Deutsche Kinderschutzbund mit der Anzeigenkampagne zum sexuellen Mißbrauch „Papi war ihr erster Mann ..." in Konfrontation mit der Basis, die diese Kampagne inhaltlich nicht akzeptierte (Tarneden 1992). Die MitarbeiterInnen sollten sich mit dem Sponsoring-Projekt identifizieren können. Dies ist nicht möglich, wenn ihnen vom Träger oder der Geschäftsführung ein solches Vorhaben übergestülpt wird.

Die Akzeptanz eines Sponsoring-Engagements sollte aber nicht nur bei den MitarbeiterInnen und dem Träger, sondern auch bei den KlientInnen vorhanden sein.

Zur Situationsanalyse in einer frühen Phase der Planungen gehört auch, die Stärken und Schwächen der Sozialorganisation und ihrer

Arbeit einzuschätzen, um auf der Basis einer realistischen Standortbestimmung an den Sponsor heranzutreten. Gegenstand einer solchen Analyse sollten externe Faktoren sein, wie wirtschaftliche Konjunktur, Standort (lokal, regional, national, international), Image der Einrichtung, Öffentlichkeitsarbeit u.ä., und interne Faktoren, wie etwa Schwerpunkt der Sozialen Arbeit, Träger, Klientel, Finanzen, Logistik, Profil u.ä.

Damit dem Sponsor für dessen Kalkulation eine Kostenschätzung mitgeteilt werden kann, muß mit der Grundentscheidung auch der ungefähre Finanzbedarf abgesprochen werden.

Bestandsaufnahmen dieser Art zwingen zu einer selbstkritischen Analyse der eigenen Arbeit und führen gegebenenfalls zu entsprechenden Schlußfolgerungen. Sie sind in jedem Fall und unabhängig vom weiteren Fortgang der Sponsoring-Planungen und -Verhandlungen für die Professionalisierung der eigenen Arbeit nützlich. Drängen möglicherweise auch noch MitkonkurrentInnen an den „Futtertrog" eines Sponsorings, dann kann aus der Situationsanalyse sogar eine Art Wettbewerbsvorteil entstehen.

Die Sponsoring-Agentur „FAMOSA e.V." (1992, 21) in München faßt diesen Teil der Situationsanalyse folgendermaßen in Fragen kurz zusammen: „Wer sind wir? Wo stehen wir? Wo wollen wir hin? Was ist bisher über uns veröffentlicht worden? Wen kennen wir bei Rundfunk, Fernsehen, Zeitung? Welche Kontakte haben wir?"

Alle diese Fragen sollten unbedingt vor der Sponsorensuche innerhalb der Sozialorganisation eingehend diskutiert und entschieden werden. Für die Vorbereitung einer Sponsoring-Kampagne rechnet die „Bank für Sozialwirtschaft" (o.J.) mit einem Zeitraum von drei bis sechs Monaten; Manfred Bruhn (1990a) veranschlagt sogar ein bis zwei Jahre.

Für die weitere Planung des Sponsorings sind bei den MitarbeiterInnen neben den fachlich-professionellen Kompetenzen auch analytische Fähigkeiten und Kreativität gefragt. Auch müssen für das weitere Verfahren die Zuständigkeiten (Federführung, Koordination, Einbezug der MitarbeiterInnen) geklärt werden.

(2) Projektbeschreibung

Vor der Sponsorensuche muß das in Aussicht genommene Projekt beschrieben und in einem Dosier oder einer Broschüre dargestellt werden, um es den Sponsoren als Angebot zu unterbreiten. Dabei ist auf eine für Laien verständliche Sprache und auf eine ansprechende Aufmachung (Gliederung, Layout) zu achten.

Diese Projektbeschreibung sollte auch die Sozialorganisation, die das Projekt durchführt, den Einrichtungsträger und den Kontext der erbrachten Sozialen Arbeit vorstellen: „Was tun Sie für welche Gruppen, warum, wie lange, mit welchem Erfolg?" (Bank für Sozialwirtschaft o.J., 45).

Folgende Gliederungspunkte sollten in einer Projektbeschreibung enthalten sein: Idee, Zielgruppe, Ziel und Inhalt, Leistung, Termine, Kosten (je Punkt rund eine Din-A 4-Seite). Das zu sponsernde Vorhaben sollte detailliert auf maximal 15 bis 20 Seiten beschrieben werden. Auch ist anzusprechen, ob und welche anderen Förderer es noch gibt (Mauerer 1992, 60). Der potentielle Sponsor sollte sich mit der Beschreibung einen Überblick über das gesamte Vorhaben verschaffen können.

In der Projektschreibung ist das Profil der Sozialorganisation besonders herauszustreichen:

> „Wie sind wir entstanden? Wofür engagieren wir uns? Wie ist unsere Struktur, Anzahl der Mitarbeiter, Mitgliederzahl. Was sind unsere Projekte und Pläne? Was macht unsere Organisation so besonders und damit attraktiv für Unternehmen?" (FAMOSA 1992, 21)

Sozialorganisationen, die bereits eine „Corporate Identity" (dazu siehe S. 44) für ihre Einrichtung ausgearbeitet haben, können für die Projektbeschreibung darauf zurückgreifen. Allerdings erfolgt die Klärung dieser und ähnlicher Fragen in Sozialorganisationen häufig zum ersten Mal vor einer Zusammenarbeit mit projektfremden Geldgebern.

Die Projektbeschreibung sollte auch die Sichtweise möglicher Sponsoren berücksichtigen und darauf abheben, welche Attribute ihrer Organisation für Sponsoren interessant sind, weil sie sich „vermarkten" lassen – Beispiele:

> Das von der Kreissparkasse gesponserte „Jugend- und Kinderbüro Schramberg" – kurz: „JUKS" vermittelt schon mit seinem Namen Lebensfreude und Aktivität.
> Das „Deutsch-türkische Volkshaus" in Kiel unternahm ein Experiment, das vom Reiseveranstalter „TUI" mitfinanziert wurde: Junge Türken fuhren gemeinsam mit ostdeutschen Skinheads an den Bosporus, um Vorurteile abzubauen (Süddeutsche Zeitung 1993).

Eine Situationsanalyse braucht Zeit:

> „Für diese Debatte sollten die Verbände sich Zeit nehmen – sie ist gut investiert. Denn vom Ausgang der Debatte hängen auch die Möglichkeiten und Grenzen der Kooperation ab: Je stärker der eigene Part – sprich je ausgefeilter, überzeugender und durchschlagender das eigene Verbands-

konzept oder das vorgeschlagene Projekt –, desto freier ist man in der Wahl seiner Kooperationspartner; umgekehrt gilt: Je schwächer die eigene Position, desto begrenzter sind die Kooperationsmöglichkeiten." (Cremer 1990, 36)

Eventuell muß als Ergebnis einer solchen Situationsanalyse die Öffentlichkeitsarbeit der Sozialorganisation verändert und verbessert werden (siehe Abschnitt 2.3.3., S. 54ff.).

(3) Einbezug einer Sponsoring-Agentur?

In der Situationsanalyse müssen Träger und MitarbeiterInnen auch abschätzen, ob sie in der Lage sind, ein Sponsorship allein vorzubereiten und durchzuführen. Möglicherweise verfügt auch der eigene Trägerverband über entsprechende Erfahrungen und Beratungsangebote. Eine andere Möglichkeit externer Hilfe stellen spezielle Sponsoring-Agenturen dar. Wird das Angebot einer Agentur in Anspruch genommen, müssen auch die dafür anfallenden Kosten bedacht werden.
Eine professionelle Vermittlung wird dann in Betracht kommen, wenn es sich um hohe Sponsoring-Summen für ein großes Vorhaben handelt. Die meisten Sozialorganisationen, die ein Sponsorship erwägen, werden es wohl „auf eigene Faust" versuchen. Auf dieser Voraussetzung basieren die weiteren Schritte des Stufenplans.

3.1.2. Zielbestimmung

Ein Sponsorship soll nicht nur dem Unternehmen, sondern auch der sozialen Einrichtung Vorteile bringen. Die beste Gewähr, daß keiner der Kooperationspartner ausgenutzt wird und die Zusammenarbeit für beide Seiten befriedigend ist, bietet eine klare Bestimmung der Ziele und Erwartungen, die später in die vertraglichen Vereinbarungen einfließen sollen.
Nach den Erfahrungen einer PR-Agentur müssen sich Sozialorganisationen bei ihrer Zielbestimmung vor zwei Extrempositionen hüten:

> Zum einen: „Sponsoren sind nützliche Idioten, sie schieben die Knete rüber; ansonsten wollen wir nichts mit ihnen zu tun haben." Zum anderen: „Sponsoren müssen genauso clean, radikal und engagiert unsere Ziele verfolgen, wie wir selber (also ein Klon der Organisationen, nur wundersamerweise mit viel Geld)." (Cremer 1990, 36)

Bei einem Sozial-Sponsoring bezieht sich die Zusammenarbeit mit einem Sponsor auf ein oder mehrere zeitlich begrenzte Einzelprojekte. Für diese muß die Sozialorganisation ihre Sponsoring-Ziele definieren, mit denen sich im Idealfall der Sponsor identifiziert. Nicht erforderlich ist aber, daß eine soziale Einrichtung alle Bereiche ihrer Arbeit ausweist und darin mit einem Sponsor übereinstimmt. Für die Zielsetzungen sollten zunächst die eigenen Ansprüche und Erwartungen berücksichtigt, aber auch die (vermuteten) Ziele des Unternehmens bedacht werden:

(1) Eigene Ziele und Erwartungen

Eine Zielbestimmung sollte möglichst genau beschreiben, wieviel Sponsoren-Gelder wofür gebraucht werden. Projektziele können sein: den bisherigen Aufgabenbereich zu erweitern, z.B. durch neue Hilfeangebote für bestimmte Zielgruppen; in bisherigen Einrichtungen neue Wege zu gehen, z.B. durch Modelle; oder die Bekanntheit der Einrichtung zu erhöhen, z.B. durch Öffentlichkeitsarbeit. Wo es gelingt, Ziele zu formulieren, die sich mit der bekundeten gesellschaftlichen Verantwortung eines Unternehmens decken, werden die Chancen für ein Sponsorship steigen.

In Zielbestimmungen ist auch der exakte Bedarf an Geld-, Sach- und Dienstleistungen gefragt und der mittel- bis langfristige Anteil der Sponsoring-Einnahmen an den Gesamteinkünften. Auch Sockelfinanzierungen sind möglich. Wenn sich in diesem Zusammenhang Gesichtspunkte wie Effizienzsteigerung, Effektivierung der Arbeit oder Kostenreduzierung thematisieren lassen, dann werden diese bei Entscheidungsträgern der Wirtschaft auf offene Ohren stoßen.

(2) Erwartungen der Wirtschaft

Sozialorganisationen, die sich sponsern lassen wollen, sollten sich über die Ziele und Philosophie von Unternehmen im klaren sein (siehe dazu ausführlich: Abschnitt 3.2.1., S. 93ff.). Die Kenntnis der Erwartungen und Absichten eines potentiellen Sponsors ermöglicht, ein auf seine Bedürfnisse abgestimmtes attraktives Angebot zu unterbreiten, das seine Ziele unterstützt.

Von besonderer Wichtigkeit sind die Kommunikationsziele „den Bekanntheitsgrad des Unternehmens erhöhen", „gesellschaftliche Verantwortung demonstrieren", „das Image des Unternehmens verbessern", „die Wahrnehmung in der Öffentlichkeit verstärken".

Leider hat das Sozial-Sponsoring einen grundsätzlichen Nachteil gegenüber den etablierten Sponsoring-Bereichen: Es kann selten eine solche Aufmerksamkeit erzielen wie bestimmte Sportarten oder kulturelle Veranstaltungen.

Die größte Chance auf eine erfolgreiche Zusammenarbeit besteht dann, wenn die Gegebenheiten, Ziele und Erwartungen der Sozialeinrichtung zu den Absichten des Unternehmens passen. „Daimler Benz" zum Beispiel hat nach Angaben des Abteilungsdirektors für Öffentlichkeit, Peter A. Philipp (1993, 18), ganz konkrete Erwartungen an die sozialen Einrichtungen:

(a) klare Absprachen über Art und Weise der Kooperation
(b) eigene Medienarbeit
(c) Projektanalyse (Schwachpunkte diskutieren, Zielgruppenanalyse, Medienwirkung)
(d) Kontinuität (optimale Förderung: drei bis fünf Jahre).

3.1.3. Grundsätze

Vor Eintritt in Vertragsverhandlungen sollten Träger und MitarbeiterInnen einer Sozialorganisation die Bedingungen und Grundsätze einer Kooperation klären und festlegen. Im einzelnen sollten folgende Punkte berücksichtigt werden:

(1) Vorauswahl der Unternehmen

Die Entscheidung, welche Unternehmen aus welchen Branchen für ein Sponsoring in Frage kommen, trifft die Sozialorganisation. Dieser Vorauswahl können folgende *Kriterien* zugrunde gelegt werden:

(a) Größe des Unternehmens (handelt es sich um einen kleinen oder mittelständischen Betrieb oder um einen Großkonzern?),
(b) Standort des Unternehmens (ist das Unternehmen lokal, regional, bundesweit oder international tätig?),
(c) Nationalität des (Mutter-)Unternehmens (handelt es sich um eine deutsche Filiale mit eigenständiger Marketingabteilung?),
(d) Alter des Unternehmens (steht in nächster Zeit ein Jubiläum an?),
(e) Produktpalette des Unternehmens (welche Auswirkungen auf das Image der Sozialorganisation hat es, wenn sie mit den Produkten des Unternehmens in einen Zusammenhang gebracht werden?),
(f) Image des Unternehmens (welchen Ruf hat das Unternehmen in der Öffentlichkeit?).

> Wenn beispielsweise Träger und MitarbeiterInnen einer Krabbelgruppe erwägen, sich von einem Unternehmen des Nestlé-Konzerns sponsern zu lassen, dann würden die Kriterien (e) und (f) der Vorauswahl wahrscheinlich zu einer negativen Entscheidung führen. Bekanntlich hat der Konzern vor Jahren in sogenannten „Dritte-Welt"-Ländern eine Werbekampagne für Babynahrung – statt Muttermilch – durchgeführt und geriet damit in die Schlagzeilen.

Als Fragen sind in diesem Zusammenhang auch zu beantworten: Zu welchen Unternehmen bestehen seitens der Sozialorganisation oder der MitarbeiterInnen schon Kontakte? Sind diese ausbaufähig? Welche Branchen sind im Projektumfeld tätig (z.B. als Lieferanten)? Gibt es am Ort Unternehmen, von denen bekannt ist, daß sie sich sozial engagieren?

> „Großflächig werden Daten über Firmen gesammelt. Ziel dieser Phase ist, aufgrund der besonderen Problematik, aufgrund des bisherigen Helferwillens Unternehmungen zu finden, die als mögliche Partner in Frage kommen." (Fäh/Ebersold/Zaugg 1991, 39)

Bei der Vorauswahl sind auch Unternehmen und Branchen zu berücksichtigen, die bisher kein Sponsoring betrieben haben, auf diesem Gebiet aber aktiv werden wollen und deshalb eine entsprechende Anfrage erfolgreich sein kann. „Es geht darum, ein Gespür dafür zu entwickeln, welche Firmen entweder schon aktiv sind oder wo mit einer Aufgeschlossenheit zu rechnen ist", meinen Petra Orlowski und Gertrud Wimmer von der Sponsor-Agentur „Famosa e.V." (1992, 27).

Bei der Sponsorensuche sollte nicht nur an die großen, bekannten und international tätigen Unternehmen gedacht werden. Kleine und mittelständische Betriebe sind sogar eher als Großunternehmen bereit, ein Projekt „vor der Haustür" zu unterstützen, da großen Firmen häufig der Lokalbezug fehlt. Eine regional verankerte Firma kann zudem ein Projekt vor Ort besser verfolgen und aus der lokalen Öffentlichkeitsarbeit, z.B. aus der Stadtteilzeitung oder aus dem Lokalfunk, ihren Nutzen ziehen. Zu bedenken ist allerdings, daß kleine Unternehmen in der Regel über weniger Know-how beim Sponsoring verfügen. Lokale und regionale Betriebe sind in den „Gelben Seiten" des örtlichen Telefonbuches aufgelistet oder können bei der Industrie- und Handelskammer (IHK) erfragt werden. Die IHK führt im übrigen eine Art „rote Liste" mit Betrieben, die in Zahlungsschwierigkeiten sind. Diese Auskünfte sind jedoch nur für Mitgliedseinrichtungen gedacht – gute Kontakte der Sozialorganisationen zur Wirtschaft wären in diesem Fall recht nützlich. Informationsmaterial über größere Firmen ist bei deren Pressestellen erhältlich. Sie senden Sozialorganisationen auf Nachfrage auch die Firmenzeitung zu. Vor allem der regelmäßige Blick in die Tageszeitung – besonders in die regionale Wirtschaftsseite – kann bei der Sponsorensuche und -auswahl weiterhelfen. Langfristig lohnt es sich, ein Archiv anzulegen.

Detaillierte Informationen über die in Frage kommenden Unternehmen sind nötig, um die Akquisition auf die jeweilige Firma abzustimmen.

Das wichtigste Kriterium für die Auswahl eines Unternehmens ist jedoch dessen Glaubwürdigkeit. Martin Erbelding (1991, 17) warnt im PR-Magazin:

> „Viel Fingerspitzengefühl ist angebracht, um nicht das eigene positive Image zu verwässern durch Zusammenarbeit mit Unternehmen, deren Ziele und deren Unternehmenspolitik in der Öffentlichkeit, insbesondere bei sozial engagierten Menschen, in Mißkredit geraten sind oder geraten können."

Um unter den potentiellen Sponsoren den geeigneten Partner herauszufinden, führt beispielsweise die Tropenwaldstiftung „Oro Verde" einen „Partner-Check" durch (Bruhn 1990a). Auch die „Bank für Sozialwirtschaft" (o.J., 43) empfiehlt, einen Beurteilungskatalog für potentielle Sponsoren aufzustellen und schlägt dafür folgende Kriterien vor:

(a) Akzeptanz der Mitglieder/MitarbeiterInnen
(b) Image des Unternehmens
(c) Akzeptanz des Leistungsprogramms
(d) Bedeutung des Unternehmens in der Region
(e) Höhe der Sponsorbeträge
(f) Umfang materieller Unterstützung
(g) persönliche Bindung zur sozialen Einrichtung
(h) Langfristigkeit des Engagements
(i) bisherige Erfahrungen.

(2) Detaillierte Anforderungen an Sponsoren

Auch die detaillierten Anforderungen an den Sponsor und die Bedingungen für die Zusammenarbeit sollte die Sozialorganisation rechtzeitig festlegen. Dazu zählen beispielsweise das zu fördernde Projekt, die Dauer der Engagements, die Art der vertraglichen Bindung, die Anzahl der Sponsoren, die Vergabe eines Logo, Art und Umfang der Leistung u.a.m. (siehe Abschnitt 2.3.1., S. 48ff.).

Das Ergebnis dieser Präzisierungen sollte als Sponsoring-*Grundsätze* schriftlich niederlegt werden. Das nachstehende (fiktive) Beispiel des gemeinnützigen Vereins „Sucht" verdeutlicht, wie solche Sponsoring-Grundsätze formuliert werden können:

> (1) Die gemeinnützige Organisation „Sucht" strebt an, für ihr Projekt „Spielsucht" maximal 20 Prozent der Einnahmen pro Jahr aus Sponsorengeldern zu bestreiten.
> (2) Es soll nur mit Unternehmen in solchen Branchen zusammengearbeitet werden, die (direkt oder indirekt) in keinem Zusammenhang mit

der Verursachung von Spielsucht oder anderem Suchtverhalten stehen oder standen, wie Softwarefirmen, Spielautomatenhersteller, Zigaretten- und Tabakindustrie usw.

(3) Die Sponsorships sollen in Form einer Übernahme von Patenschaften mit Jugendlichen – verbunden mit einem festen Sponsorenbetrag – erfolgen. Darüber hinaus soll ein von mehreren Sponsoren getragener Erfinderpreis für spannende Spiele ausgeschrieben werden.

(4) Die Zusammenarbeit mit Sponsoren soll auf maximal vier Unternehmen beschränkt sein; es wird Branchenexklusivität garantiert.

(5) Das Projekt „Spielsucht" ist zunächst auf zwei Jahre festgelegt und soll bei Erfolg weitergeführt werden.

Allgemeine Sponsoring-Grundsätzen können hier nur angedeutet werden. Jede Organisation muß ihre eigenen Kriterien festlegen und sich Richtlinien geben. Einige Umweltschutzorganisationen (z.B. WWF, A.U.G.E.) stellen diesbezüglich bereits sehr präzise Anforderungen an Sponsoren.

„Dazu zählt beispielsweise die Voraussetzung, daß potentielle Sponsoren die Förderung des Umweltschutzes in der Unternehmensphilosophie und -praxis festgeschrieben haben, eine innerbetriebliche Motivation zum Thema vorhanden ist und bei den Mitarbeitern weiter gefördert wird, die Unternehmen sich glaubhaft mit den Zielen oder der Organisation identifizieren, das Engagement als langfristig angesehen wird und darüber hinaus erkennbar ist, daß sich das Unternehmen verändert und innovativ an seinem Umweltbezug arbeitet." (Bruhn 1990a, 104)

Anhand der selbst formulierten Prioritäten läßt sich eine Rangliste der ausgewählten Firmen aufstellen. Damit ist der grobe Rahmen für ein Sozial-Sponsoring abgesteckt, die folgenden Stufen umfassen die Konkretisierung und Umsetzung.

3.1.4. Realisierung

Spätestens bei Kontaktaufnahme mit Unternehmen sollte ein/e MitarbeiterIn der Einrichtung die Federführung für das Sponsoring übernehmen, damit alle Informationen und Kontakte in einer Hand liegen. Mit dieser organisatorischen Regelung soll aber die Teilhabe der KollegInnen an allen weiteren Absprachen, Entscheidungen und Planungen nicht reduziert werden.

„Es ist eine illusionäre Vorstellung, zu denken, für diese Arbeit könne eine Person benannt werden, die einsam und allein Kontakte herstellt, die Ausstrahlung der Einrichtung transportiert und dabei gute Laune verbreitet. Und dazu, daß die für diese Aufgabe abgestellte Person mit dem richtigen Schwung an die Sache herangeht, trägt das Team wesentlichen Anteil. Nichts ist so demotivierend wie Kollegen, die vermitteln, Ergänzungsmittel oder Sachspenden ließen sich im Handumdrehen beschaffen und es gäbe sozusagen wohlfeile Rezepte, die sich mit links umsetzen lassen." (FAMOSA 1992, 67)

Für die Wahrnehmung dieser Aufgabe braucht es eine/n „SympathieträgerIn mit Sachkompetenz", die/der Rückhalt im Team hat.

„Diese Person sollte die Spielregeln beherrschen, sowie Kreativität und Flexibilität mitbringen. Wer einen gewissen Sportsgeist und Freude an der Kommunikationsarbeit hat, für den auch das altmodische Wort ‚Etikette' kein Fremdwort ist, – denn im Alltag so nebensächliche Dinge wie ‚wen stelle ich wem zuerst vor' können hier plötzlich Bedeutung bekommen, – wird auf diesem Feld ... erfolgreich operieren können." (Orlowski/Wimmer 1992, 29)

Selbstbewußtes Auftreten darf nicht mit Aufdringlichkeit verwechselt werden, denn neben den Marketing-Überlegungen einer Firma geben oft emotionale Aspekte den Ausschlag.

(1) Kontaktaufnahme mit Sponsoren

Eine der Besonderheiten des Sozial-Sponsorings liegt in der Zusammenarbeit zweier Akteure, die aus völlig verschiedenen „Kulturen" kommen, aus der Welt des profitorientierten kommerziellen Unternehmens und aus der Welt der Unterstützung anbietenden Non-Profit-Organisation. Selbst die Verantwortlichen von Sozialorganisationen werden sich in ihren Wertmustern, Zielsetzungen und Managementmethoden in aller Regel von den Führungskräften in Unternehmen unterscheiden. „Die Prinzipien Selbsthilfe und Ehrenamtlichkeit bringen Denk- und Handlungsweisen mit sich, die unter Marketing-Gesichtspunkten langwierig, widersprüchlich, ungenau und ‚übermoralisch' sind", schreibt Rudi Tarneden (1992, 20) nach einer Tagung zu „Social-Sponsoring" in Frankfurt (siehe dazu ausführlich: Abschnitt 4.2., S. 112ff.).

Diese Unterschiede führen bei den MitarbeiterInnen der Sozialorganisationen nicht selten zu Berührungsängsten und anderen Kommunikationsbarrieren, so wie umgekehrt auch FirmenvertreterInnen gegenüber den Sozialorganisationen ihre Abneigungen und Vorurteile haben – Hindernisse, die es wegzuräumen gilt, wenn die Zusammenarbeit gelingen soll.

Um die EntscheidungsträgerInnen im Unternehmen für ein Sozial-Sponsoring zu gewinnen und um zu zeigen, daß man sich seitens der Sozialorganisation mit dem Unternehmen schon beschäftigt hat, kann es hilfreich sein, vorab Informationen über das Unternehmen zu sammeln über: Namen, Alter und Status der Führungskräfte, Produktpalette des Unternehmens, Kontakte des Unternehmens zu anderen Sozialorganisationen usw. Auch die Kenntnis, wer im Unternehmen in welcher Phase und nach welchen Kriterien Entscheidungen trifft, kann von Vorteil sein und zufallsbedingte Entwicklungen in der Vereinbarung eines Sponsorings vermindern.

> „Bei allen Formen der Zusammenarbeit zwischen Unternehmungen und Wohlfahrtsinstitutionen kommt der Auswahl des Partners eine besondere Bedeutung zu. Die Frage, welches Verständnis für die Lage des Partners, für seine Bedürfnisse und seine Möglichkeiten besteht, muß eindeutig beantwortet werden. Im Zentrum steht jedoch das Problem, ob ein echtes Vertrauensverhältnis entstehen kann und ob ein vertiefter Informationsaustausch über Ziele, Vorstellungen und Aktionspläne möglich ist." (Fäh/Ebersold/Zaugg 1991, 38)

Die AnsprechpartnerInnen von Sozialorganisationen in den Firmen arbeiten zumeist in der Marketing-, Werbe- oder PR-Abteilung oder in der Geschäftsleitung.
Über die Form der ersten Kontaktaufnahme zu einer Firma gibt es unterschiedliche Ansichten:

(a) Die Sponsoring-Agentur „FAMOSA e.V." (1992) empfiehlt einen Telefonanruf, um die/den richtige/n AnsprechpartnerIn im Unternehmen zu finden und vorzufühlen, ob ein Sponsoring-Gesuch Aussicht auf Erfolg hat. Bei diesem ersten fernmündlichen Gespräch kann nach Vergabemodalitäten, Zuständigkeiten innerhalb der Unternehmenshierarchie und Präferenzen gefragt werden. Auf dieser Grundlage kann schriftlich eine förmliche Anfrage an den potentiellen Sponsor gerichtet werden. Das Anschreiben sollte persönlich formuliert sein und alle oben (S. 76ff.) genannten Informationen zum Sponsoring-Vorhaben enthalten.

(b) Werner Zorn (1993, 42f.), der Leiter der IBM-Kommunikationsprogramme, hält eine schriftliche Kontaktaufnahme für sinnvoller: „Anrufe sind wegen der Vielzahl der Anfragen bei den meisten Firmen kein taugliches Mittel. Und eine Ablehnung am Telefon verhindert, das Projekt nochmals in schriftlicher Form darzustellen."

Welche Form der ersten Kontaktaufnahme auch immer von der Sozialorganisation bevorzugt wird, die Anfrage sollte in jedem Fall fachlich kompetent und selbstsicher sein. Der erste Eindruck ist bekanntlich oftmals entscheidend. Auf keinen Fall sollten Sozialorganisationen sich in eine Bittstellerrolle begeben, denn aus der Sicht des Unternehmens bietet die soziale Einrichtung eine Dienstleistung an, die für die Firma möglicherweise von Interesse ist. Es sollte deutlich werden, warum die Einrichtung *dieses* Unternehmen ausge-

wählt hat. Der Nutzen, den das Unternehmen aus dem Sponsoring ziehen kann, sollte klar herausgearbeitet sein. Von Vorteil ist, die Anfrage mit konkreten Vorschlägen (weiteres Verfahren, Vereinbarungen usw.) zu versehen, die nachvollziehbar sind. Zu vermeiden sind in jedem Fall – auch nach telefonischer Voranfrage – Serienbriefe.
Die Anfrage sollte optisch ansprechend aufgemacht sein und neben dem geplanten Sponsoring-Projekt auch die Einrichtung vorstellen, beispielsweise in Form einer Broschüre (siehe Abschnitt 3.1.1., S. 73ff.). Der Präsentation der Sozialorganisation können ergänzend Presseberichte hinzugefügt werden. „Denken Sie daran: Ein Bild sagt mehr als tausend Worte. Und stellen Sie heraus, welche öffentliche Resonanz für den Sponsor zu erreichen ist" (Bank für Sozialwirtschaft o.J., 45). Petra Orlowski und Gertrud Wimmer (1992) empfehlen ebenfalls, Bereitschaft insbesondere im Hinblick auf Werbeaktivitäten zu signalisieren.
Nicht selten mangelt es Sozialorganisationen an den technischen Voraussetzungen, um ansprechende Unterlagen zur Selbstdarstellung zu erstellen, was zu der paradoxen Situation führt, daß gerade finanzschwache kleine Einrichtungen aufgrund ihrer schlechten technischen Ausstattung weniger professionell gestaltete Selbstdarstellung vorlegen können und dadurch geringere Chancen haben, einen Sponsor zu finden.
Die MitarbeiterInnen in Unternehmen haben in aller Regel wenig Ahnung von Sozialer Arbeit. Um so wichtiger ist eine auch für Laien verständliche und präzise Beschreibung des Vorhabens, der Sozialorganisation, des Trägers usw. Die „Bank für Sozialwirtschaft" (o.J., 45) rät zudem zu einer offenen Vorgehensweise: „Beschreiben Sie die Notwendigkeit, warum Sie Sponsoren suchen; legen Sie Finanzierungslücken offen." Deutlich herausgehoben und klar beschrieben werden muß der Nutzen für den Sponsor.
Nach Einreichen der Anfrage kann – nach einer gewissen Frist – beim Unternehmen per Telefon der Stand der Entscheidung nachgefragt und gegebenenfalls ein Termin für die weiteren Absprachen vereinbart werden.
Auf diese weiteren Absprachen sollten sich die (zuständigen) MitarbeiterInnen der Sozialorganisation gut vorbereiten.

> „Ein professionelles Vorgehen des Gesponserten setzt voraus, daß man sich vor der Ansprache der Sponsoren mit Kommunikationsfragen des Unternehmens auseinandergesetzt hat. Die Gespräche werden erleichtert, wenn die Argumentation im Zusammenhang mit dem angebotenen Engagement mit Blickrichtung auf die spezifischen Aufgaben der Unternehmenskommunikation erfolgt." (Bruhn 1990a, 106)

„Je konkreter das Angebot an Sponsoren gefaßt ist, desto effektiver sind die Sponsorverhandlungen und desto genauer lassen sich die Verantwortlichen festlegen." (Bank für Sozialwirtschaft o.J., 42)

In allen Phasen muß dem potentiellen Sponsor deutlich werden, daß es sich bei der Anfrage um ein verbindliches Angebot der Sozialorganisation handelt. Gegebenenfalls können dazu dem Sponsor die ausgearbeiteten Sponsoring-Grundsätze (siehe S. 79ff.) schriftlich präsentiert werden.

(2) Verhandlungen

Der/die Verantwortliche der Sozialorganisation sollte für die Verhandlungen mit dem potentiellen Sponsor gewisse Kenntnisse besonders im Steuerrecht (siehe Abschnitt 2.4., S. 59ff.) und im Vertragsrecht mitbringen und über Erfahrungen im Umgang mit Medien verfügen. Aufgrund der unklaren Rechtsauslegung im Sponsoring-Bereich sollten mit dem Finanzamt alle wichtigen Klärungen getroffen worden sein, bevor ein Vertrag unterschrieben wird.
Leistungen und *Gegenleistungen* stehen im Mittelpunkt der Verhandlungen mit dem Sponsor. Zum einen gehören die Kosten des anvisierten Projekts auf den Tisch, weil diese die Grundlage der Verhandlungen über mögliche Sponsorenleistungen sind. Zum anderen sollten die VertreterInnen der Sozialorganisation auch ein Angebot mit ihren Gegenleistungen vorlegen (und nicht warten, bis die Marketing-Abteilung des Unternehmens nachfragt oder einen Vorschlag macht).
Sie sollten sich in die Situation der Firma hineinversetzen, aber gleichzeitig die Ziele, Möglichkeiten und Grenzen der eigenen Einrichtung im Auge behalten.
Eine Sozialorganisation hat mehrere Möglichkeiten, ihre Gegenleistungen im Rahmen des Sponsorships zu erbringen. Sie kann z.B. anbieten, bei Symposien, Fachkongressen, Vorträgen, Ausstellungen, Benefizkonzerten oder beim „Tag der offenen Tür" das Firmenlogo nach außen zu kommunizieren. Vorstellbar ist, daß gesponserte Träger auch ihr fachliches Know-how als Gegenleistung zur Verfügung stellen, beispielsweise bei der Beratung und Betreuung von ArbeitnehmerInnen mit Alkoholproblemen. „Was könnte die für das Image eines Produktes so eminent wichtige Glaubwürdigkeit besser untermauern als das Aufgreifen eigener betriebsinterner Probleme?", fragt Klaus Jensen (1993, 145) vom Büro für Sozialplanung in Trier. In der Regel sind Unternehmen an den *Gegenleistungen* von Sozialorganisationen interessiert. Manfred Bruhn (1991) und die Sponso-

ring-Agentur „FAMOSA e.V." (1992) nennen für Sozialorganisationen folgende Kommunikationsmöglichkeiten:

(a) persönliche Nennung des Sponsors bei Veranstaltungen,
(b) Erwähnung des Sponsors auf Broschüren, Programmen, Büchern usw.; Aufdruck des Firmenlogos auf Plakate, Aufkleber, Eintrittskarten, Handzettel usw. (ein Logo oder Signet kann – wie der Pandabär des „WWF" beweist – zum begehrten Markenartikel werden),
(c) Nennung des Sponsors innerhalb der (projektbezogenen) Pressearbeit oder Darstellung der Sponsoring-Aktivitäten in vergleichbaren Medien, z.B. Mitgliedszeitschriften, hauseigene Zeitung,
(d) Anzeigen des Sponsors in Programmheften, Jahresberichten, Katalogen usw.,
(e) Vergabe von Prädikaten, Emblemen, Titeln, Zeichen u.ä.,
(f) Durchführung von Aktionen im Unternehmen mit den dort Beschäftigten,
(g) Produktpräsentation während Veranstaltungen der Sozialorganisation,
(h) Erlaubnis zur Nennung der Einrichtung in PR-Maßnahmen des Sponsors, etwa die Erwähnung des Sponsorships in Pressemitteilungen und in der Werbung („passive Duldung").

Sponsorships sollten nach Möglichkeit langfristig angelegt sein. Damit kann das Image des Unternehmens effektiver gefördert werden, und auch für die soziale Einrichtung ist dies finanziell nur von Vorteil. Dazu bedarf es einer Kontaktpflege zu den Verantwortlichen im Unternehmen auch über die Vertragsverhandlungen hinaus, was gegebenenfalls bereits bei den Absprachen mit dem Unternehmen zu bedenken ist.

Bei den Vertragsverhandlungen sollte die Sozialorganisation darauf bedacht sein, daß genau abgesteckt ist, wieviel Kommunikationsarbeit sie zu erbringen hat. Diese und alle Absprachen sollten in jedem Fall schriftlich fixiert werden (siehe Abbildung 10, S. 88). Das erspart später Konflikte und bringt für alle Beteiligten mehr Planungssicherheit (jedoch mit den im Abschnitt 2.4., S. 59 ff., geschilderten steuerrechtlichen Folgen). Die Vereinbarung muß ausschließen, daß der Verhandlungspartner inhaltlich in das gesponserte Projekt der Sozialorganisation eingreift. Als Gegenleistung sollten nur Maßnahmen vereinbart werden, die die Sozialorganisation auch erbringen will.

Beispiele aus der Praxis:

> Das Jugend- und Kinderbüro Schramberg, kurz: JUKS, in der Trägerschaft eines gemeinnützigen Vereins, verhandelt immer zum Jahresanfang mit seinem Sponsor, der örtlichen Kreissparkasse. JUKS stellt dabei

sein Jahresprogramm vor, in dem es mit Großspielprojekten, einer Rockwoche und mehreren Jugend-Talkrunden den Erwartungen des Sponsors entgegenkommt. „Ohne spektakuläre Ereignisse findet man keinen Sponsor", erklärt JUKS-Leiter Georg Stenkamp. Die Bank unterstützt das

---

Abbildung 10: Muster für eine Sponsoring-Vereinbarung

Muster-Vereinbarung

zwischen

_____ (im folgenden: soziale Einrichtung)

und

_____ vertreten durch _____

Über die finanzielle Förderung des Projektes _____

1. Die soziale Einrichtung entwickelt z.Z. das Projekt mit der Kurzbezeichnung „_____".
Der Gesamtkostenaufwand für die Realisierung dieses Vorhabens wird ca. DM _____ für _____ betragen.

2. _____ sichert die Finanzierung des Projekts durch eine Zuwendung über DM _____. Die Zuwendung soll bis zum _____ auf dem folgenden Konto der sozialen Einrichtung erfolgen.
Die Spendenquittung wird erteilt.

    Die Zuwendung ist zweckgebunden für das o.g. Projekt zu verwenden. Bei Nichtdurchführung des Projekts wird die Summe zurückgezahlt.

3. _____ darf die Tatsache der Zuwendung in angemessener Weise der Öffentlichkeit zur Kenntnis bringen. Soll in Druckwerken darauf hingewiesen werden, so ist die geplante Veröffentlichung vorab der sozialen Einrichtung zur Genehmigung vorzulegen.

    Diese Vereinbarung berechtigt nicht die Verwendung bestehender Schutzrechte.

Ort, Datum _____   _____
                                                            soziale Einrichtung

Quelle: Bank für Sozialwirtschaft (o.J., 51) bzw. WWF-Deutschland

Kinderbüro mit 10.000 Mark pro Jahr. Im Gegenzug hängt JUKS bei Veranstaltungen Transparente der Kreissparkasse auf, verteilt Kugelschreiber und Umhängetaschen oder druckt das Bank-Signet auf Spielgeld. Die Werbeleistung ist mündlich abgesprochen; ein schriftlicher Vertrag existiert nicht. Auch gab es bisher keine Schwierigkeiten mit dem Finanzamt. Außerdem unterhält JUKS ein Spielmobil („JUKSmobil"), dessen Unterhalt teilweise über Sponsoren finanziert wird. Auf dem Lastwagen sind lila Punkte angebracht, die die Firmen für 500 DM „kaufen" können, um ihr Firmenlogo anzubringen. Diesbezügliche Vereinbarung werden jeweils für drei Jahre getroffen (siehe Abbildung 11).

Die Behindertenanstalt Stetten i.R. organisierte bereits mehrmals eine europäische Wanderausstellung von behinderten KünstlerInnen. „Daimler Benz" übernahm jeweils Transportkosten sowie die Druckkosten für den Ausstellungskatalog und finanzierte begleitende Veranstaltungen. Die Behinderteneinrichtung präsentiert ihren Sponsor auf Plakaten mit der Aufschrift „Gefördert von der Daimler Benz AG", mit einem Grußwort des Vorstandssprechers im Ausstellungskatalog, mit dem Aufdruck „Ein gemeinsames Ausstellungsprojekt der Anstalt Stetten und der Daimler Benz AG" auf den Einladungen zu den Ausstellungseröffnungen, auf einer Pressekonferenz, zu der beide Partner gemeinsam einladen, mit einem Grußwort eines Firmenvertreters bei den Ausstellungseröffnungen (VEEMB 1993, 27).

Abbildung 11: JUKSmobil mit Logos der Sponsoren

Foto: Randolph Armbruster

Das Kinder- und Jugendreferat (KiJu) der Stadt Rottweil suchte per Zeitungsanzeige „die beste Rockband" der Umgebung und schrieb für den Wettbewerb einen „Jugendkulturpreis" aus, der von Sponsoren bezahlt wurde. Im Rahmen von Projekttagen an einem Gymnasium wurde gemeinsam mit den SchülerInnen ein „Stadtplan für junge Leute" erarbeitet, der Tips für Kneipen und Treffs, Einkaufen, Zivildienststellen u.a. enthält. Der Sponsor präsentiert sich auf der Rückseite des „Rottweiler Dschungelbuchs". Der Leiter des KiJu, Thomas Greiner, sieht das Sponsoring wie folgt: „Bei Jugendlichen ist es kein Thema, ob etwas privat oder öffentlich finanziert wird. Vielmehr wird die Leistung eingefordert."

3.1.5. Auswertung

Träger und MitarbeiterInnen einer Sozialorganisation tun gut daran, als letzten Teil des Sponsorships die gesamten Sponsoring-Aktivitäten auszuwerten. Zwei Aspekte sollten bei einer solchen Evaluation im Vordergrund stehen: Welche Wirkungen hatte das Sponsoring und welche Ziele sind erreicht worden. Und: Welche Fehler sind gemacht worden?

(1) Ziele und Wirkungen

Ein gründlich vorbereitetes Sponsorship verlangt genau formulierte Ziele (S. 77ff.), die eine Sozialorganisation mit dem Sponsoring erreichen will und die sie am Ende eines Vorhabens überprüfen kann:

(a) Zunächst ist generell nach dem Erreichen der angestrebten Ziele und Absichten des Projektes zu fragen. Wo diese Frage pauschal nicht zu beantworten ist, kann differenziert werden: Gab es Probleme bei den Verhandlungen? Haben sich beide Seiten an die Abmachungen gehalten? Hat der Sponsor seine Leistung erbracht? War die eigene Gegenleistung adäquat und erwartungsgemäß oder gar übertrieben? Sind die KlientInnen des Projektes zufrieden? Ist die Anzahl der Hilfesuchenden gestiegen? Ist die Nachfrage nach Informationen größer geworden? Hat sich das Spendenaufkommen erhöht? usw.

(b) Will die Sozialorganisation die Wirkung eines gesponserten Projektes ergründen, bedarf es dazu entsprechender Unterlagen oder Befunde: Die Verhandlungen sowie der Projektverlauf einschließlich der Medienberichte müssen möglichst genau dokumentiert werden (Pressespiegel). Die Sozialorganisation kann auch unbeteiligte Dritte befragen, wie sie die Wirkung des Sponsorings einschätzen. Auskünfte können auch die MitarbeiterInnen, die KlientInnen oder die Bevölkerung geben.

(2) Typische Fehler

Erfahrungen zeigen, daß Sozialorganisationen bei Sponsorships immer wieder bestimmte Fehler unterlaufen. Solche typischen Fehler sind (Bank für Sozialwirtschaft o.J.):

(a) Überschätzung der eigenen Fähigkeiten bzw. Unterschätzung der Komplexität der Sponsoringmaßnahmen,
(b) Verzicht auf schriftliche Vereinbarungen bzw. rechtswirksame Verträge (lediglich mündliche getroffene Absprachen),
(c) fehlerhafte Organisation (nicht ausreichende interne Abstimmung, unzureichende Festlegung der Kompetenz- und Verantwortungsbereiche, häufiger Wechsel der Ansprechpersonen u.ä.) mit mannigfachen Folgen (fehlende Professionalität, Konflikte u.a.m.),
(d) unsachgemäßer und unverantwortlicher Umgang mit finanziellen und materiellen Ressourcen,
(e) mangelnde Sensibilität gegenüber den Wünschen des Sponsors (etwa zu enge Auslegung vertraglicher Vereinbarungen),
(f) zu geringe persönliche Kontakte zum Sponsor während des Sponsorships, fehlende Kommunikation,
(g) Beeinträchtigung der langfristigen Planungen und Zusammenarbeit durch unerhebliche punktuelle Irritationen,
(h) Unterschätzung der für den Erfolg der Sponsoringmaßnahmen notwendigen Pressearbeit,
(i) falsche Kostenkalkulation und unzureichende Finanzierung des Projektes (mit der Folge, daß nachgeschobene Forderungen den Sponsor verärgern),
(k) Unterlaufen von Exklusivitätsvereinbarung (Einbindung eines weiteren Sponsors der gleichen Branche),
(l) Unterschätzung des Arbeitsaufwands eines Sponsorings,
(m) unzureichende Abklärung und Unterrichtung der regulären Geldgeber (Träger[-verband], Stadtverwaltung, Landratsamt).

Die Auswertung und Bewertung des Sponsorships erlauben eine Klärung der Fragen, ob die Sozialorganisation weitere Sponsoring-Aktivitäten unternehmen soll und welche Voraussetzungen dafür (nicht) gegeben sind. Zudem läßt sich darüber auch die Akzeptanz des Sponsorings unter den MitarbeiterInnen, bei den KlientInnen und in der Öffentlichkeit besser einschätzen. Da die Sozialorganisationen zumeist unter großer Personalnot leiden und die Evaluation eines Sponsorings sehr aufwendig ist, stehen – wie für die Betreuung des Sponsorings überhaupt – auch für die Auswertung nur selten die erforderlichen personellen Ressourcen zur Verfügung, d.h. sie wird vernachlässigt oder fällt ganz weg.

Norbert Scheiwe, Rektor des „Jugendwerks Oberrimsingen", das Erfahrungen mit gesponserten Projekten hat, empfiehlt, zum Ende des Vorhabens den Sponsor persönlich in die Einrichtung einzuladen und ihn mit dem Projekt und seinen Auswirkungen vertraut zu machen. Dazu gehört auch, dem Sponsor zu zeigen, wie sein Geld verwendet wurde und welche Resonanz das Vorhaben erzielt hat (Dokumentation).

3.2. STUFENPLAN DES UNTERNEHMENS

Um die Erfolgschancen des Sponsoring-Gesuchs zu erhöhen, sollten sich die zuständigen MitarbeiterInnen von Sozialorganisationen in die Denkmuster und Interessenlage jener Personen hineinversetzen, die in einem Unternehmen für das Sponsorin verantwortlich sind. Hilfreich ist des weiteren, eine Vorstellung von den Planungsüberlegungen eines Unternehmens zu haben.
Der folgende Stufenplan orientiert sich an den typischen Abläufen eines Sponsorings, die von Marketingexperten wie Manfred Bruhn, Arnold Hermanns u.a. entwickelt wurden (siehe Abbildung 12, S. 93).

3.2.1. Grundsatzüberlegungen und Zieldefinition

Zunächst muß ein Unternehmen grundsätzlich überlegen, ob es ein Sponsoring für ein geeignetes Kommunikationsinstrument hält. Fällt die Entscheidung positiv aus, beginnen die verantwortlichen MitarbeiterInnen die Ziele und Zielgruppen zu definieren.

(1) Grundsatzüberlegungen

So wie eine Sozialorganisation muß auch ein Unternehmen für sich grundsätzlich klären, ob und wie es sich im Sponsoring-Bereich engagieren will. Dabei müssen auch das Verhältnis und der Stellenwert des Sozial-Sponsorings im Vergleich mit dem Engagement im Spenden-Bereich bestimmt werden. Unternehmen gehen verstärkt dazu über, nicht nur zu spenden, sondern auch zu sponsern. Die Grundsatzentscheidung für oder gegen ein Sponsoring liegt fast immer in der Zuständigkeit der Unternehmensleitung.
Aus Unternehmenssicht ist Sponsoring ein Kommunikationsinstrument. Hat ein Unternehmen eine ausgearbeitete „Firmenphilosophie" oder „corporate identity", dann legt diese vorab fest, welcher Bereich (Soziales, Umwelt, Kultur oder Sport) unterstützt und in welcher Form (Sponsoring, Spende, Mäzenatentum, Mischform) dieser geför-

dert wird. Umgekehrt kann ein Unternehmen ein Sponsoring zum Anlaß nehmen, sich ein neues Image zu geben – ein Beispiel:

> „Unternehmen B hat ein tendenziell verstaubtes und konservatives Image. Die Akzeptanzprobleme, insbesondere bei den jüngeren Zielgruppen, steigen. Über Engagements im Umwelt- und Sozialbereich möchte sich das Unternehmen sympathisch, verantwortungsbewußt und etwas progressiver gegenüber der Öffentlichkeit darstellen." (Mussler 1990b, 228)

Unternehmen haben beim Sponsoring neben der Kommunikationsfunktion auch einen Transfer des Images im Blick, den die ausgewählte Sozialorganisation bzw. die Projektförderung ermöglichen soll. Das Engagement der Wirtschaft im sozialen Bereich wird also vor allem nach Gesichtspunkten erfolgen, die einen solchen Imagetransfer erwarten lassen, d.h. die ausgewählten Projekte müssen zum Bild und Selbstverständnis des Unternehmens passen. Soziale Themen sind – trotz aller Wertschätzung von Hilfeleistungen – selten

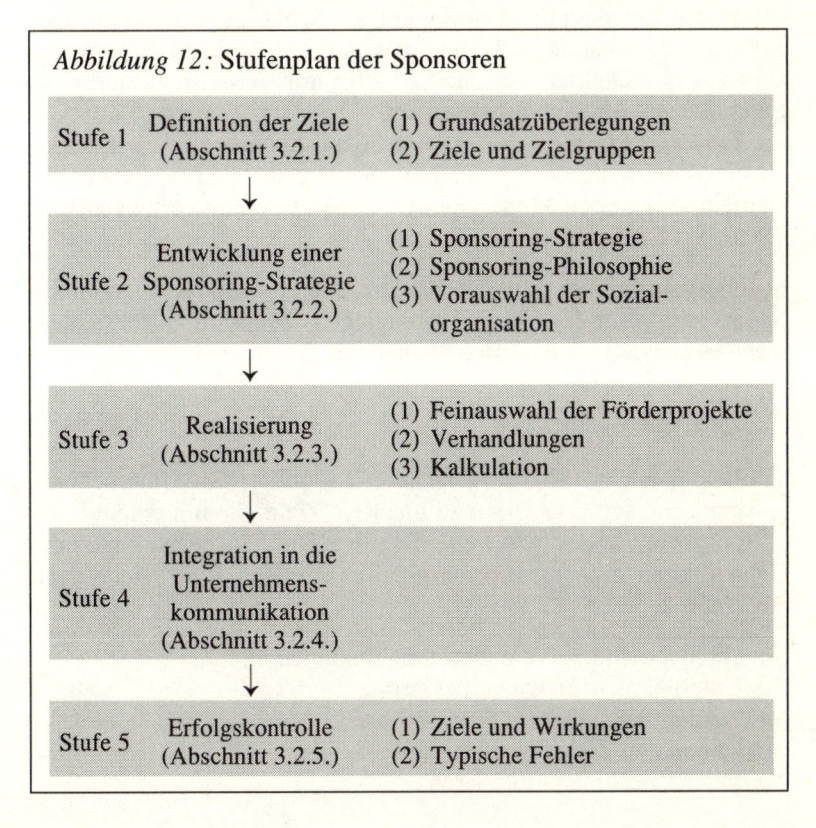

Abbildung 12: Stufenplan der Sponsoren

Stufe 1	Definition der Ziele (Abschnitt 3.2.1.)	(1) Grundsatzüberlegungen (2) Ziele und Zielgruppen
Stufe 2	Entwicklung einer Sponsoring-Strategie (Abschnitt 3.2.2.)	(1) Sponsoring-Strategie (2) Sponsoring-Philosophie (3) Vorauswahl der Sozialorganisation
Stufe 3	Realisierung (Abschnitt 3.2.3.)	(1) Feinauswahl der Förderprojekte (2) Verhandlungen (3) Kalkulation
Stufe 4	Integration in die Unternehmenskommunikation (Abschnitt 3.2.4.)	
Stufe 5	Erfolgskontrolle (Abschnitt 3.2.5.)	(1) Ziele und Wirkungen (2) Typische Fehler

konfliktfrei, vielfach bedrückend oder mit negativen Assoziationen belegt. Das Unternehmen wird deshalb abschätzen, wie seine MitarbeiterInnen, ihre Zielgruppe oder die Öffentlichkeit bei einem Sponsorship in diesem Bereich reagieren werden.
Entscheidend ist, daß ein Unternehmen sein Engagement widerspruchsfrei begründen und glaubwürdig gestalten kann. Diese Begründung kann nach Meinung des Marketing-Experten Manfred Bruhn (Bruhn/Dahlhoff 1990b) auf drei Ebenen erfolgen:

(a) Eine *sachliche Begründung* des Sozial-Sponsorings stellt den Beitrag des Unternehmens zur Lösung sozialer Fragen in den Vordergrund („Problemlösungsbereitschaft"). Das Unternehmen ist zu einem aktiven Engagement in ausgewählten Aufgabengebieten bereit. Dies setzt aber ein durchgängiges Verhalten des Unternehmens im Sinne der Zielsetzung des Sponsorships voraus, etwa ein Computerhersteller schafft mit seinem Sponsoring Arbeitsplätze für Behinderte, ein Automobilhersteller organisiert Verkehrserziehung für Kinder.
(b) Eine *kommunikative Begründung* des Sozial-Sponsorings ist darauf angelegt, einen intensiven Dialog mit ausgewählten Zielgruppen zu suchen („Dialogbereitschaft"), z.B. mit WissenschaftlerInnen, Jugendlichen, MedienvertreterInnen.
(c) Eine *ethische Begründung* des Sozial-Sponsorings zielt darauf ab, die Verantwortung des Unternehmens für soziale Fragen oder das Gemeinwohl in den Mittelpunkt zu stellen („Verantwortungsbereitschaft").

Sozialorganisationen sollten bedenken, daß ein Unternehmen für ein Sponsorship solide Planungsgrundlagen benötigt, insbesondere wenn es sich um größere Beträge handelt.

(2) Ziele und Zielgruppen

Ähnlich wie eine Sozialorganisation formuliert ein Unternehmen entsprechend seiner „Corporate Identity" Ziele, die mit einem Sozial-Sponsoring angestrebt werden sollen. Die häufigsten Ziele, die Unternehmen mit einem Sponsorship verbinden, sind (siehe auch Abschnitt 2.2.2., S. 41 ff.):

(a) gesellschaftliche Verantwortung dokumentieren.
(b) Unternehmensimage verbessern,
(c) Bekanntheitsgrad der Firma erhöhen,
(d) Kontakt zu Zielgruppen suchen,
(e) MitarbeiterInnen motivieren.

Da die Firmen sehr wohl darum wissen, daß in der Öffentlichkeit gefragt wird, ob das Sponsoring nicht ein Alibi, ein „Deckmäntelchen" für nicht akzeptierte Verhaltensweisen darstellt, ist bei einem Sozial-Sponsoring vor allem Glaubwürdigkeit gefordert. Zu groß wären die Risiken für eine derartige „kosmetische Handhabung" des Sponsorships, denn in diesen Fragen übt die öffentliche Meinung mehr denn je eine wichtige Kontrollfunktion aus.

Bei der Entscheidung, welche Zielgruppe des Unternehmens mit einem Sozial-Sponsoring primär anvisiert werden soll, können folgende Adressaten in Frage kommen (Bruhn 1991):

(a) KundInnen
(b) Öffentlichkeit
(c) MitarbeiterInnen
(d) MultiplikatorInnen
(e) MedienvertreterInnen
(f) staatliche Stellen
(g) LieferantInnen.

Sozialorganisationen sollten darum wissen, daß die Wirtschaft mit dem Sponsoring einen Vorteil nutzen kann, den andere PR- und Werbemaßnahmen nicht bieten, nämlich die anzusprechenden Zielgruppen in nicht-kommerziellen Situationen und Zusammenhängen zu erreichen. Außerdem lassen sich damit Zielgruppen ansprechen, bei denen die klassischen Kommunikationsmaßnahmen, wie etwa Werbung, versagen.

3.2.2. Entwicklung einer Sponsoring-Strategie

Nach der grundsätzlichen Entscheidung und Zieldefinition erfolgt nun auf der nächsten Stufe des Planungsprozesses im Unternehmen eine Präzisierung des Vorhabens.

(1) Sponsoring-Strategie

Das Unternehmen entscheidet, in welcher Intensität, in welchen Projekten und in welcher Form es als Sponsor tätig wird – kurz: es muß eine Sponsoring-Strategie ausgearbeitet werden. Auf welchen Ebenen Klärungen erforderlich sind, wird in der Abbildung 13 (S. 96) dargestellt.

(2) Sponsoring-Philosophie

In Unternehmen sprechen Marketing-Experten von „Sponsoring-Philosophie", wenn es darum geht, die Öffentlichkeit über Grund,

Form und Inhalt von Engagements im Sozialbereich zu informieren
– ein Beispiel:

> Die „Daimler Benz AG" engagiert sich im sozialen, kulturellen, ökologischen und sportlichen Bereich. In der Werbebroschüre „Soziale Förderprojekte" erklärt der Konzern seine diesbezügliche Entscheidung wie folgt:
> „Als erfolgreiches Industrieunternehmen, das sich zu den Prinzipien der Marktwirtschaft bekennt, trägt die Daimler Benz AG Verantwortung für gesellschaftliche Entwicklungen. Unser Denken ist deshalb von der Überzeugung geleitet, die Folgen unternehmerischen Handelns mitzubedenken. Wir können heute nicht mehr nur unsere Leistungen im Blick haben, vielmehr werden Unternehmen wie Daimler Benz immer stärker nach ihrem Beitrag, den sie für die Gesellschaft leisten, gemessen. Ein weltweit tätiger Konzern muß somit im eigenen Interesse Wert darauf legen, in allen wichtigen gesellschaftlichen Gebieten präsent zu sein."
> (Daimler Benz 1993, 3)

Folgende Grundsätze für ein Sozial-Sponsoring können in einem Unternehmen bei der Festlegung einer „Sponsoring-Philosophie" von Bedeutung sein (Bank für Sozialwirtschaft o.J., 21):

(a) Die Partnerschaft zwischen Sponsor und Gesponserten wird mittel- bzw. langfristig angelegt.
(b) Der Erfolg ist um so größer, je besser die Partner zueinander passen.

Abbildung 13: Strategie-Ebenen eines Sponsorings

„WER fördert	Wer ist Sponsor?
WAS	Welche Förderbereiche sollen gesponsert werden?
mit WEM	Wer ist (sind) der (die) Gesponserte(n)?
WARUM	Was sind die Motive für die Engagements?
WIE	Welche Fördermaßnahmen werden ergriffen?
WIE LANGE	In welchem Zeitraum soll die Förderung durchgeführt werden?
WO	In welchem Einzugsgebiet erfolgen die Fördermaßnahmen?
und an WEN richtet sich die Förderung?	Welche unternehmensrelevanten Zielgruppe sollen durch das Sozial-Sponsoring erreicht werden?"

(Quelle: Bruhn (1990a, 78)

(c) Exklusiv-Sponsoren sind in der Regel erfolgreicher als Co-Sponsoren.
(d) Es werden nicht nur etablierte Projekt gefördert, sondern neue, attraktive geschaffen.
(e) Keinesfalls sollten Maßnahmen im „Gießkannen-Prinzip" durchgeführt werden.
(f) Es werden nur Maßnahmen gefördert, die zur Unternehmenskommunikation passen (siehe Abschnitt 3.2.4., S. 104f.).

Manfred Bruhn (1991) von der „European Business School" in Oestrich-Winkel weist darauf hin, daß in dem noch relativ neuen Bereich des Sozial-Sponsorings solche „Philosophien" oder Grundsätze eher selten vorliegen.
Folglich existieren auch kaum Vergaberichtlinien für ein Sponsoring. Gibt es überhaupt Regeln, dann sind diese in vielen Unternehmen nicht schriftlich fixiert.

(3) Vorauswahl der Sozialorganisationen

Manfred Bruhn (1990a, 82) empfiehlt den Sponsoren bei der Auswahl eines Sponsorings, die verschiedenen sozialen Tätigkeitsbereiche nach Punkten zu bewerten; dazu schlägt er ihnen folgende Kriterien vor:

(a) Welche Bedeutung hat der Förderbereich für die Dokumentation der gesellschaftlichen Verantwortung des Unternehmens?
(b) Ist es aus regionalen Gründen bedeutsam, sich für den Förderbereich einzusetzen?
(c) Ist das Unternehmen direkt oder indirekt durch die Unternehmensaktivitäten (Produktion, Sortiment, Entsorgung) an Problemlösungen des Förderungsbereiches interessiert?
(d) Strebt das Unternehmen bestimmte Imagemerkmale an, die der Förderbereich in besonderem Maße bei den Zielgruppen vermitteln kann?
(e) Führt das Engagement im Förderbereich zu einer neuen Form der Kommunikation und des Dialogs mit den Zielgruppen des Unternehmens?
(f) Verfügt das Unternehmen über spezielle Ressourcen, die gezielt in dem Förderbereich zur Lösung sozialer Problemstellungen eingesetzt werden können?

Die Erwartungen eines Unternehmens an ein Sponsoring drückt der zuständige Mitarbeiter für soziale Förderprojekte bei „Daimler Benz", Peter A. Philipp, folgendermaßen aus:

„Gefördert werden gezielt solche Initiativen, die soziale Probleme auf ungewöhnliche und modellhafte Weise dauerhaft zu lösen versuchen. Beispielsweise neuartige Projekte, die nicht in staatliche Finanzierungsprogramme passen oder die ohne Unterstützung durch Daimler Benz nicht realisiert werden können." (VEEMB, 14)

3.2.3. Realisierung

Sind in einem Unternehmen alle Vorklärungen und Entscheidungen für ein Sponsoring getroffen, müssen in der Realisierungsphase die zu fördernden Projekte ausgewählt, die Verhandlungen zur vertraglichen Vereinbarung geführt und die Kosten kalkuliert werden.

(1) Feinauswahl der Förderprojekte

Mehrere Gesichtspunkte oder *Kriterien* können eine Rolle spielen, wenn Unternehmen ein soziales Projekt auswählen, das sie fördern möchten:

(a) Übereinstimmung mit der Sponsoring-Philosophie und den Unternehmenszielen,
(b) kommunikative Leistung des Sponsorships
(c) Stellung des Sponsors im Sponsorship sowie
(d) Kosten-Nutzen-Relation (Bruhn 1991).

Differenziertere Beurteilungsgesichtspunkte können beispielsweise sein:

(a) Werden die Zielgruppen des Unternehmens das soziale Engagement akzeptieren?
(b) Ist die betreffende Sozialorganisation bekannt, welche Leistungen und Erfolge hat sie aufzuweisen?
(c) Welche Erfahrungen bestehen im Unternehmen im Umgang mit der Organisation?
(d) Kann der Gesponserte Exklusivität der Förderung bieten?
(e) Ist die Assoziation zwischen dem Namen des Unternehmens und der sozialen Einrichtung positiv, oder sind Irritationen zu erwarten?
(f) Wie hoch ist die Managementqualifikation bei den Verantwortlichen der in Frage kommenden Sozialorganisation, und wie ausgeprägt sind deren Fähigkeiten und Erfahrungen mit der Öffentlichkeitsarbeit?
(g) Können die Vereinbarungen vertraglich eindeutig fixiert und vom Gesponserten konsequent eingehalten werden?

Jedes Unternehmen wird mit Blick auf seine Sponsoring-Ziele jeweils eigene Beurteilungskriterien für die Auswahl von sozialen

Projekten formulieren. Bei „IBM Deutschland" werden folgende Kriterien für die Feinauswahl von Sozial- und Öko-Sponsorships zugrunde gelegt:

> „1. Es muß eine Übereinstimmung mit den thematischen Schwerpunkten vorliegen, bei denen sich IBM engagieren will.
> 2. Das Projekt soll einen gesellschaftlichen Nutzen für die Allgemeinheit haben und nicht nur einer kleinen Minderheit zugute kommen.
> 3. Es erfolgt ausschließlich eine Förderung von Projekten und keine Finanzierung laufender Budgets.
> 4. Das Projekt soll neuen Ideen zum Durchbruch verhelfen.
> 5. Das Projekt soll nach einer Starthilfe selbständig sein. Von ihm soll ein langfristiger und ein Nachahmungseffekt ausgehen.
> 6. Es darf keine Abhängigkeit des Partners von IBM entstehen.
> 7. IBM fördert keine politischen Parteien sowie keine weltanschaulichen und religiösen Themen, sondern betrachtet dies als Angelegenheit des einzelnen Bürgers.
> 8. Es darf keinen Zusammenhang mit der Vertriebssituation von IBM beim Sponsoringpartner geben." (Zorn 1991, 5)

(2) Verhandlungen

Die Umsetzung eines Sponsorships im Unternehmen fällt meist in die Zuständigkeit der Abteilung für Marketing, Werbung oder Öffentlichkeitsarbeit; möglich ist auch, daß eine Firma eine/n Sponsoring-KoordinatorIn einsetzt, um die betroffenen Stellen im Unternehmen untereinander und mit dem gesponserten Projekt zu verbinden. Es kann auch sein, daß ein Unternehmen für die Vertragsverhandlungen mit der Sozialorganisation eine externe Agentur beauftragt.

Nach der Auswahl der Sponsoring-Partner muß auch das Unternehmen seine eigenen Leistungen abklären (und mit den erwarteten Gegenleistungen der Sozialorganisation verknüpfen; siehe Abschnitt 3.1.4., S. 82ff.). Als *Leistungen des Sponsors* an die Sozialorganisation sind denkbar:

(a) Zuschüsse zur Finanzierung von Projekten, Aktionen, Organisationen, Verbänden
(b) Freistellung von MitarbeiterInnen zur Unterstützung der Partnerorganisation („Secondments")
(c) Kostenlose oder verbilligte Bereitstellung von Sach-[4] oder Dienstleistungen (z.B. Computer, Fahrzeuge, Videoanlagen)

---

[4] Der entsprechende Gegenwert wird bei der Steuer als Spende zu behandeln sein.

(d) Übernahme von Sachleistungen (beispielsweise Druck von Broschüren oder Jahresberichten)
(e) Übernahme von Dienstleistungen (z.B. Administration, Veranstaltungsdurchführung, Versendung von Programmen und Einladungen)
(f) Ausschreibung von Wettbewerben mit sozialem Bezug und Auslobung von Preisen
(g) Ankauf von Objekten oder Grundstücken, die dem (gesponserten) Partner zur Verfügung gestellt werden
(h) Bereitstellung eines regelmäßigen Betrages aus dem Stiftungsvermögen des Unternehmens (Bruhn 1991, 357).

Die Glaubwürdigkeit seines Sponsoring-Engagements kann ein Unternehmen verbessern, wenn es sich nicht nur finanziell am Sponsorship beteiligt, sondern einen Eigenbeitrag zur Lösung des Problems leistet, etwa durch den Einsatz von MitarbeiterInnen („Secondments") oder durch die zusätzliche Schaffung von Behinderten-Arbeitsplätzen.

Wie für die Sozialorganisationen ist es auch für die Unternehmen ein Problem, daß die rechtlichen Regelungen im Sozial-Sponsoring, insbesondere die steuerrechtlichen Grundlagen (siehe Abschnitt 2.4., S. 59ff.) vielfach unklar sind.

Dies betrifft auch den Einkauf von Sponsoring-Rechten sowie den Abschluß von Sponsoring-Verträgen. Mustervereinbarungen für ein Sozial-Sponsoring sind bislang kaum zu bekommen. Der von „IBM-Deutschland" ausgearbeitete Vertrag für die „Secondment-Programme" (siehe S. 30ff.) bilden eine Ausnahme (siehe Abbildung 14, S. 102f.). Die meisten Unternehmen werden deshalb vorerst mit den klassischen Vertragsarten (siehe Kasten, S. 101) versuchen, dem besonderen Charakter des Sozial-Sponsorings gerecht zu werden. „Dies (das Aushandeln von Verträgen; K.S.) zählt ohne Zweifel zu den schwierigsten Aufgaben, denn es zeigt sich immer wieder, daß zwischen der Planung auf der einen Seite und dem Aushandeln auf der anderen Seite mitunter Welten liegen können", warnt Dieter Mussler (1990b, 239) die Unternehmen. Schwierigkeiten sieht er zum einen an der mangelnden Transparenz dieser Thematik, zum anderen seien die Gesponserten in Marketingfragen häufig zu unprofessionell.

(3) Kalkulation

Beim Sozial-Sponsoring gibt es keine festen Förderungssummen. Grundlage der Sponsoring-Beiträge sind die Kosten eines Projekts, die die Sozialorganisation errechnet und vorlegt. Als grober Rahmen mögen folgende Zahlen dienen:

(a) Die Freistellung von MitarbeiterInnen für „Secondments" bei „IBM" kostet – je nach Qualifikation – zwischen 80.000 DM und 180.000 DM pro Jahr.
(b) Die Kosten für die Finanzierung eines Lehrstuhls an einer Universität betragen jährlich – je nach Ausstattung – zwischen 250.000 DM und 500.000 DM.

Klassische Vertragsformen

Im einzelnen kann zwischen folgenden klassischen Vertragsformen unterschieden werden (Bruhn 1990a, 85):

(a) Der *Werbevertrag* legt die Leistungen des Sponsors und werbliche Gegenleistungen fest. Dabei können Regelungen für den Fall der Nichteinhaltung bestimmter Vertragsbestandteile im Vertrag enthalten sein.
(b) Einen *Arbeitsvertrag* wird ein Sponsor dann abschließen, wenn er MitarbeiterInnen von sozialen Organisationen einstellt, um sie finanziell abzusichern.
(c) In Form eines *Werkvertrages* kann die selbständige Erledigung von bestimmten Aufgaben durch die Gesponserten geregelt sein, beispielsweise die Durchführung von Veranstaltungen im oder für Unternehmen.
(d) Bei *Geschäftsbesorgungsverträgen* kooperiert der Sponsor mit einer gemeinnützigen Organisation, indem er ihr die Aufgabe überträgt, einen Wettbewerb zu einem bestimmten Gebiet auszuschreiben und durchzuführen.
(e) Der *Schenkungsvertrag* sieht eine Schenkung durch das Unternehmen vor. Es kann vorgesehen werden, daß diese Schenkung mit Auflagen verbunden ist (z.B. Nennung des Sponsorennamens) oder auch schenkungsfremde Elemente enthält (z.B. Vereinbarung zusätzlicher Dienstleistungen, die gesondert honoriert werden).
(f) Der *Stiftungsvertrag* bezieht sich auf die Gründung von Stiftungen, die als besonders förderungswürdig anerkannt sind und gemeinnützige Zwecke verfolgen. Sollen Sponsorships durch die Einrichtung von Unternehmensstiftungen erfolgen, muß die Stiftung von der jeweiligen Landesbehörde genehmigt werden.
(g) Ein *Mitgliedschaftsvertrag* kennzeichnet die gesellschaftliche Bindung eines Unternehmens an eine Partnerinstitution. Durch Förderbeiträge kann der Gesponserte (einmalig oder kontinuierlich) institutionell oder projektbezogen unterstützt werden.
(h) Ein *Mietvertrag* kann die Überlassung von Sachmitteln oder Dienstleistungen für eine bestimmte Zeit regeln.

Abbildung 14: Sponsoring-Vertrag – Beispiel „IBM"

Vertrag

zwischen

– im folgenden „Vertragspartner" genannt –

und IBM Deutschland GmbH
   Pascalstraße 100
   7000 Stuttgart 80

– im folgenden „IBM" genannt –

wird folgender Vertrag geschlossen.

Präambel

Der Vertragspartner und IBM haben Übereinkunft erzielt, daß ein IBM Mitarbeiter von IBM abgeordnet und in der Organisation des Vertragspartners ausschließlich tätig wird.

Dabei stützen sich die Vertragsparteien auf ein bei IBM seit langer Zeit bestehendes Programm, das die tätige Mithilfe des Unternehmens und seiner Mitarbeiter an sozialen, caritativen und anderen gemeinnützigen Projekten zum Inhalt hat.

Die Vertragsparteien vereinbaren daher, im Hinblick auf die Tätigkeit von

Herrn ....

– im folgenden „IBM Mitarbeiter" genannt –,

folgendes:

1. Aufgaben des IBM Mitarbeiters

a) ....

b) ....

c) ....

2. Ausgeschlossene Tätigkeiten

Alle Tätigkeiten, die mit dem Unternehmensziel der IBM teilweise oder ganz deckungsgleich sind, sowie Tätigkeiten, bei denen eine Interessenkollision in diesem Zusammenhang entstehen oder gesehen werden könnte, sind ausgeschlossen.

3. Sitz des Mitarbeiters

....

4. Status des IBM Mitarbeiters

Für die Dauer seiner Abordnung zum Vertragspartner bleibt das Arbeitsverhältnis mit der IBM bestehen. Anstelle seiner bisherigen Tätigkeit wird der IBM Mitarbeiter alle im Rahmen dieses Vertrages anfallenden Tätigkeiten ordnungsgemäß und den jeweiligen Anforderungen entsprechend durchführen.

Der IBM Mitarbeiter erledigt seine Aufgaben im Rahmen dieses Vertrages nach vorheriger Abstimmung seiner Pläne mit dem Vertragspartner selbständig und in eigener Verantwortung.

5. Bezahlung des IBM Mitarbeiters

Die Bezahlung des IBM Mitarbeiters erfolgt ausschließlich durch IBM (einschl. Reisekosten und sonstiger zusätzlicher Vergütungen entsprechend den jeweils gültigen Richtlinien der IBM für Abordnungen Inland).

6. Haftung

Die IBM übernimmt im Zusammenhang mit diesem Vertrag keine Haftung, insbesondere nicht für Schäden aus Ansprüchen Dritter und für mittelbare und Folgeschäden. Der abgeordnete Mitarbeiter wird von den Vertragspartnern von jeder Haftung freigestellt, soweit der Mitarbeiter nicht vorsätzlich oder grob fahrlässig gehandelt hat.

Für die Haftung des Vertragspartners gelten die gesetzlichen Bestimmungen.

7. Leistung des Vertragspartners

Während der Einarbeitungsphase wird bei den geplanten Aufgaben mindestens ein Mitarbeiter des Vertragspartners zusammen mit dem IBM Mitarbeiter tätig sein.

Der Vertragspartner ist bereit, nach Beendigung des Vertragsverhältnisses das Projekt selbständig und eigenverantwortlich weiterzuführen, sofern ihm dies im Rahmen seiner finanziellen Möglichkeiten zumutbar ist.

8. Ansprechpartner

Ansprechpartner für allgemeine Fragen beim Vertragspartner ist

....

Verhandlungspartner für Fragen der Vertragserfüllung ist

....

9. Veröffentlichungen

Die Ergebnisse der durch diesen Vertrag vereinbarten Mitarbeit des IBM Mitarbeiters können veröffentlicht werden, so daß sie auch von anderen interessierten Institutionen benutzt werden können. An entstehenden Rechten erhalten beide Vertragspartner ein nicht ausschließliches Nutzungsrecht.

Die Partner werden solche Veröffentlichungen, in denen der Name des anderen Partners erwähnt oder auf ihn hingewiesen wird, gegenseitig abstimmen. Der Vertragspartner stimmt zu, das Warenzeichen oder die Firmenbezeichnung der IBM nur nach vorheriger Zustimmung durch IBM zu verwenden.

10. Vertragsdauer

Der Vertrag tritt mit Unterzeichnung duch beide Vertragspartner in Kraft und dauert vom ...... bis ...... Sollten wichtige Gründe vorliegen, so kann dieser Vertrag von beiden Seiten gekündigt werden. Die Vertragspartner werden sich in diesem Fall bemühen, sich in gutem Einvernehmen über den Zeitpunkt der vorzeitigen Beendigung zu verständigen.

....	Stuttgart, den ....
Ort / Datum	
....	....
Unterschrift Vertragspartner	IBM Deutschland GmbH

Quelle: FAMOSA (1992, 55)

(c) Bei Zuschüssen für wissenschaftliche Forschungsprojekte kann mit Beträgen ab 50.000 DM gerechnet werden (Bruhn 1991, 363).
(d) Der Sponsoring-Vertrag mit einer Computerfirma bringt der Berliner Aids-Hilfe pro Jahr ca. 300.000 DM.
(e) Das Jugendwerk Oberrimsingen erhielt von „Daimler Benz" für das Projekt „Camino de Santiago" neben der Bereitstellung von Fahrzeugen zwischen 1991 und 1993 einen Betrag von 60.000 DM.
(f) Das Jugend- und Kinderbüro in Schramberg – JUKS verhandelt jährlich mit der „Kreissparkasse" um 10.000 DM.
(g) Die „Schwäbische Zeitung" schaltete 1993 für das Kinder/Jugendreferat in Rottweil unter anderem Anzeigen und Beilagen, um das Sommer-Festival „Ferienzauber" bekannt zu machen, in einem Gegenwert von ca. 25.000 DM.

Neben den Kosten für die unmittelbare Projektmaßnahme fallen dem Unternehmen auch die Zusatzkosten an, i.e. Personal- und Sachkosten (Reise-, Verwaltungs-, Miet-, Verpflegungskosten usw.) sowie die Folgekosten für kommunikative Aktivitäten (Öffentlichkeitsarbeit, innerbetriebliche Kommunikation usw.). Außerdem sind häufig Honorare für Agenturleistungen zu bezahlen.

„In der Diskussion über die Projektbudgetierung wird vielfach nur über den Sponsorbetrag gesprochen, während die darüber hinaus anfallenden Kosten nur ungenau kalkuliert werden. So rechnet man im Sport-Sponsoring beispielsweise mit einer Relation Sponsorbetrag zu Zusatzkosten von etwa 1:2 bis 1:3. Im Kultur-Sponsoring macht diese Relation etwa 1:1 aus. Im Sozio- und Umwelt-Sponsoring wird sie sehr unterschiedlich ausfallen, da sich für diesen vergleichsweise „jungen Markt" noch kein richtiges „Preisgefüge" eingestellt hat. Jedoch ist bei hohen eigenständigen Leistungen von Unternehmen damit zu rechnen, daß sich eher eine Relation von 1:2 bis 1:3 ergeben wird. Dies wird jedoch auch stark von der unternehmerischen Nutzung der Sponsorships abhängen" (Bruhn 1991, 365).
Einer Unternehmensbefragung des Deutschen Kommunikationsverbandes zufolge, bleibt die Herkunft der Geldmittel aus dem Unternehmen für Sozial-Sponsoring häufig unklar (Bruhn/Dahlhoff 1990b). Meistens stammen die Gelder aus dem Spendenetat. Es werden jedoch auch der PR-Etat, das Werbebudget oder ein Sozialfonds beansprucht.

3.2.4. Integration in die Unternehmenskommunikation

Ist die Entscheidung für ein konkretes Projekt gefallen, plant das Unternehmen in einem weiteren Schritt die Vernetzung des Sozial-Sponsorings mit den anderen Instrumenten der Unternehmenskommunikation, der Werbung, Öffentlichkeitsarbeit, Verkaufsförderung und innerbetrieblichen Kommunikation. In den meisten Fällen steht bei einem sozialen Engagement einer Firma die Einbindung in die Öffentlichkeitsarbeit im Vordergrund. So werden Sponsoring-Maßnahmen gern dazu genutzt, gezielt Kontakte zu unternehmensrelevanten Personen zu pflegen, z.B. zu PolitikerInnen auf einer Ausstellung u.ä. Hinsichtlich der Werbung stellt sich ein Engagement im Sozialbereich „leiser" und „weicher" dar als im Sport-Sponsoring. Firmen können Zeitungs- und Zeitschriftenanzeigen schalten, in denen sie ihr soziales Engagement erläutern. Die Devise moderner Unternehmen heißt nicht mehr „Schweigen ist Gold", sondern „Tue Gutes und rede darüber". Sponsoren erhoffen sich von ihrem gesellschaftlichen Engagement synergetische Wirkungen in der gesamten Markt- und Unternehmenskommunikation.

Firmen unterscheiden vier Formen der Integration in die Unternehmenskommunikation (Bruhn 1990a):

(a) Sie arbeiten das Sponsorship *sachlich* in andere Kommunikationsinstrumente ein, d.h. sie greifen die Thematik in der Kommunikationsarbeit auf. Wie die Tätigkeitsfelder im Gesundheits- und Wissenschaftsbereich integriert werden können, zeigt die Abbildung 15 (S. 106).

(b) Die Sponsoring-Maßnahmen des Unternehmens werden *zeitlich* integriert, z.B. die Pressearbeit des Unternehmens soll zeitgleich mit der Projektdurchführung stattfinden.

(c) Die *formale* Integration bedeutet, Unternehmensignets oder Markennamen bei einem Sponsorship so zu benutzen, daß sie den verbindlichen Gestaltungsprinzipien der Firma („Corporate Design") entsprechen.

(d) Mit der *organisatorischen* Integration sollen alle vom Sponsoring betroffenen Abteilungen des Unternehmens verknüpft und einbezogen werden, d.h. es soll eine interne Abstimmung der Maßnahmen erfolgen.

3.2.5. Erfolgskontrolle

Nach Abschluß eines Sponsoring-Projektes wird auch das Unternehmen aus eigenem Interesse eine Auswertung des Vorhabens vornehmen und prüfen, ob die beabsichtigten Ziele und Wirkungen erreicht wurden und welche Fehler gemacht worden sind. Solche Erfolgskontrollen sind aber noch nicht weit verbreitet. „Allenfalls beim Sport-Sponsoring liegen verläßliche Daten darüber vor, in welchen Teilbereichen Unternehmen durch ihre Sponsorships die angestrebten Kommunikationsziele erreicht haben" (Bruhn/Dahlhoff 1990b, 34).

Abbildung 15: Sachliche Integration des Sponsoring in die Unternehmenskommunikation

Klassische Kommunikations- instrumente / Sozial- Sponsoring	Öffentlichkeits- arbeit	Klassische Medienwerbung	Verkaufsförderung	Innerbetriebliche Kommunikation
Gesundheits- Sponsoring	Bekanntmachung von Aktionen zur gesundheitlichen Aufklärung in Pressekonferenzen	Hinweise auf Zusammenarbeit mit Kliniken in der Werbung	Gesundheits- informationen als Verpackungs- beigabe	Innerbetriebliche Aufklärungs- aktionen mit Gesundheits- organisationen
Wissenschafts- Sponsoring	Ausschreibung von wissenschaftlichen Forschungs- wettbewerben	Hinweise auf Forschungsprojekte mit wissenschaft- lichen Institutionen	Diskussion wissenschaftlicher Erkenntnisse auf Fachtagungen mit Absatzmittlern	Lösung innerbetrieblicher Aufgaben mit wissenschaftlichen Institutionen

Quelle: Bruhn / Dahlhoff 1990b, 35

(1) Ziele und Wirkungen

Für eine Auswertung der Ziele und Wirkungen muß ein Sponsoring-Konzept vorliegen, in dem die wichtigsten Intentionen festgehalten sind. Die wenigsten Unternehmen planen ihre Sozial-Sponsorings systematisch, etwa mit Hilfe eines Stufenplans. Diesen Tatbestand belegt auch das „Sponsoring-Barometer 1990", eine erstmalig durchgeführte Langzeiterhebung über Veränderungen und Intensität von Sponsoring-Aktivitäten in Mittel- und Großunternehmen der Bundesrepublik.

> Das „Institut für Produktionswirtschaft und Marketing" der Universität der Bundeswehr in München befragte ca. 1.000 Unternehmen ab 250 MitarbeiterInnen. 54 Prozent der Unternehmen praktizieren Sponsoring ohne Konzept, also auch ohne Erfolgskontrolle. Wer (schriftlich) plant, kontrolliert auch zu 90 Prozent das Sponsorship. „Dieses Ergebnis zeigt, daß die Sponsoring-Praxis noch nicht den Professionalisierungsstandard erreicht hat, der bei den klassischen Kommunikationsinstrumenten üblich ist." (Absatzwirtschaft 9/90, 83)

Ein Kosten-Nutzen-Vergleich kann beim Sozial-Sponsoring nur bedingt vorgenommen werden, weil sich „soziale Verantwortung" nicht in DM messen läßt.

Für das Sozial- wie auch das Öko-Sponsoring müssen eigene Kontrollformen entwickelt werden. Die Agentur „Neues Handeln" arbeitet z.B. mit einem Ausschnittdienst („Clipping") zusammen, um die Wirkung des Sponsoring in den Zeitungen und Zeitschriften zu dokumentieren.

Ein wichtiger Indikator für Erfolg oder Mißerfolg eines Sponsorships ist die Reaktion der Öffentlichkeit. Große Firmen schalten mitunter bei einschlägigen Vorhaben Marktforschungsinstitute ein, die mit Mitteln der Werbewirkungsforschung den erzielten Erfolg zu messen versuchen.

(2) Typische Fehler

Bei der Planung und Umsetzung von Sozial-Sponsorships bestehen innerhalb eines Unternehmens häufig Barrieren, die nur schwer zu überwinden sind. Dazu zählen laut Manfred Bruhn (1991): Egoismus einzelner Abteilungen; Furcht vor Kürzungen der klassischen Etats bei zusätzlichem Sponsoring; mangelnde Orientierung und Bereitschaft, sich auf neue Kommunikationsformen einzulassen; fehlende Kreativität bei der Einbindung des Sponsoring in vorhandene Programme; keine interne und externe Koordination der Maßnahmen.

Arnold Hermanns (1991) empfiehlt den Sponsoren deshalb, bei der Auswahl der Sponsorships auf Kompatibilität zu achten, strategisch zu planen und das Sponsoring auf Kontinuität auszurichten.

4. Mark oder Moral? – Zur Legitimationsproblematik des Sozial-Sponsorings

Neben den praktischen Fragen der Planung und Umsetzung eines Sponsorships sind es „moralische Gesichtspunkte", die beim Sponsoring Probleme aufwerfen und mit denen sich alle Beteiligten auseinandersetzen müssen. Doch vor allem bei Trägern und MitarbeiterInnen von Sozialorganisationen ist Sponsoring umstritten. Dort reichen laut Klaus Jensen (1993, 142) vom Trierer Büro für Sozialplanung die Positionen gegenüber dem Sponsoring von pragmatischer Zustimmung – „Geld stinkt nicht. Hauptsache, wir können etwas für die Betroffenen tun" – bis zur strikten Ablehnung – „Eh' wir mit der Wirtschaft ‚ins Bett gehen', lassen wir das Projekt sterben". Die Beschäftigten in den Sozialorganisationen und die Akteure im Unternehmensbereich haben vielfach grundverschiedene Wertvorstellungen, Verhaltensweisen sowie Arbeitsmethoden und sollen nun eine gemeinsame Basis finden, um ihre jeweiligen Ziele zu verwirklichen. Deshalb tun sich beide Seiten, „Helfer" wie „Macher", schwer mit dem Sozial-Sponsoring.

Neben Sensibilität und Einfühlungsvermögen sind auf seiten der Sozialorganisationen Wachsamkeit gefragt. Ansonsten riskieren die sozialen Einrichtungen ihr Image und laufen Gefahr, von der Wirtschaft instrumentalisiert zu werden oder gar in finanzielle Abhängigkeit von ihr zu geraten. So mancher Erwartung von Industrie und Handel müssen deshalb Grenzen gesetzt werden. „Wenn Kinder in gesponserten Tageseinrichtungen als Gegenleistung T-Shirts von McDonald's tragen müßten, wäre sicherlich die Schmerzgrenze überschritten" (Gesterkamp 1992, 17).

Die nachfolgenden Ausführungen gehen – aus der Sicht von Sozialorganisationen – zunächst der Frage nach dem Ausverkauf ihrer Ideale (Abschnitt 4.1.) und den möglichen Konfliktzonen zwischen „Helfern" und „Machern" (Abschnitt 4.2.) nach. Der letzte Abschnitt versucht zu klären, wo für Sozialorganisationen beim Sponsorship mit der Wirtschaft die „Schmerzgrenzen" liegen (Abschnitt 4.3.).

4.1. Ausverkauf von Idealen?

In Sozialorganisationen gibt es häufig Bedenken gegen eine Zusammenarbeit mit der Wirtschaft. Von der Entscheidung, ein Sponsorship anzubahnen, müssen Träger und MitarbeiterInnen der Einrichtung das Pro und Contra offen und sorgfältig abwägen Sowohl für eine kritische, ablehnende Position, als auch für eine positive, zustimmende Haltung gibt es gute Argumente:

(1) Geopferte Ideale?

(a) Für viele MitarbeiterInnen in Sozialorganisationen ist es am wichtigsten, ihre fachlichen und praktischen Aufgaben zu erfüllen. Die Finanzierung der Einrichtung (Personalkosten, Sachkosten) ist für sie oft zweitrangig, unter anderem weil sie dafür selten Verantwortung tragen. Sie befürchten, daß die Ziele und Ideale ihrer Arbeit dem „schnöden Mammon geopfert" würden.
(b) Die Schere in der Sozialen Arbeit klafft immer weiter auseinander: Während die sozialen Aufgaben wachsen, bleiben die Einnahmen der Non-Profit-Organisationen bestenfalls gleich. Es gehört zur professionellen Arbeit von SozialarbeiterInnen/SozialpädagogInnen, sich um neue Finanzierungsmöglichkeiten zu kümmern. Schließlich geht es um Menschen, die auf den Erhalt und die Erweiterung von Hilfeangeboten angewiesen sind. Zudem handelt es sich beim Sozial-Sponsoring – verglichen mit den öffentlichen Aufwendungen – um bescheidene Mittel.

(2) Einfluß durch Geld?

(a) Viele nicht-kommerzielle Einrichtungen lehnen die Diskussion über ein finanzielles Engagement von Unternehmen mit dem Argument ab, Sozial-Sponsoring sei lediglich eine neue Masche der Wirtschaft, um auf den sozialen Bereich stärker Einfluß zu nehmen, ohne Rücksicht auf dessen Aufgaben und Ziele. Der SPIEGEL (1989, 92) führt an: „... private Sponsoren übernehmen zunehmend öffentliche Aufgaben, jedoch ohne öffentliche Kontrolle."
(b) Ein Sponsorprojekt basiert auf gegenseitigen Abmachungen und wird zum gemeinsamen Nutzen transparent gestaltet (Schneidereit/Hündgen 1991). Es liegt also an den Non-Profit-Organisationen selbst, welche Maßnahmen sie bei den Sponsoring-Verhandlungen vereinbaren, um Aufgabenerfüllung und Kontrolle nicht aus der Hand zu geben. Dann nämlich bestätigt sich eine oft geäußerte Befürchtung nicht, daß „der Versuch inhaltlicher Einflußnahme seitens des Sponsors auf die Arbeit der unterstützten Organisation erfolgt" (Hündgen 1992, 5).
Zudem üben Öffentlichkeit und Medien sehr wohl eine effektive Kontrolle über Sozial-Sponsoring aus. „Wo Unternehmen mit dem

Anspruch in die Öffentlichkeit treten, ihre Politik und Philosophie seien dem Gemeinwohl verpflichtet, kann man mit der Frage konfrontieren, ob und wieweit sie selbst zu Krisen des Gemeinschaftslebens beitragen" (Knopf 1990b, 174).

(3) „Weiße Weste" für die Wirtschaft?

(a) Zahlreiche Beschäftigte im sozialen Bereich wollen sich nicht dafür hergeben, der Wirtschaft eine „weiße Weste" zu verschaffen. Wirtschaftsunternehmen traut man in dieser Hinsicht wenig Gutes zu. „Soziales Engagement, das neben der guten Sache auch eigenen Interessen dient, gilt hierzulande leicht als suspekt. Schnell werden Ablenkungsmanöver, Alibifunktionen und Manipulationsinteressen vermutet", stellt Christian Berthold (1993, 152) von der Universität Münster fest.

(b) Wenn Private Geld in eine öffentliche soziale, kulturelle oder politische Aufgabe investieren, setzen sie damit bewußt oder unbewußt immer auch Zeichen dafür, daß sich nicht nur der Staat, sondern auch die Privatwirtschaft um gesellschaftliche Aufgaben kümmern soll. „Ein Unternehmen, das wirtschafts- und sozialpolitisch so wenig Staat wie möglich fordert, sollte dann auch bereit sein, seinen Anteil an den Kosten dieser Freiheit zu übernehmen (Schneidereit/ Hündgen 1991, 4). Die sozialen Organisationen müssen jedoch bei der Auswahl der potentiellen Sponsoren ganz besonders darauf achten, ob ein Unternehmen lediglich auf der Suche nach einem sozialen Deckmäntelchen ist.

(4) Öffnung neuer Absatzmärkte?

(a) KritkerInnen haben den Eindruck, der Sponsor verfolge mit seinem finanziellen Engagement vor allem kommerzielle Ziele, schiele nur nach neuen Absatzmärkten oder erschließe sich weitere Zielgruppen.
(b) Wer ein Sponsoring vereinbart, muß wissen, daß sich der Geldgeber von seiner Tat einen Vorteil verspricht. Die Ziele des Unternehmens im Rahmen eines Sponsorships dürfen jedoch nicht das Ansehen der sozialen Einrichtung beschädigen.

Die Vorbehalte resultieren nicht zuletzt aus Erfahrungen im Sport-Sponsoring. So waren beispielsweise bei der Olympiade in Barcelona 1992 die Sportstadien oft ziemlich leer, und dennoch gab es auf dem Markt keine Eintrittskarten mehr zu kaufen. Sponsoren hatten durch Vorabreservierungen ganze Kartenkontingente gesichert, was bei den Sportfans verständlicherweise für viel Ärger sorgte. Im Sozialbereich werden einzelne Projekte realisiert und keine „ganzen Veranstaltungen gekauft".

Die Sozialorganisation ist beim Sponsoring ein gleichberechtigter Partner. Träger und MitarbeiterInnen treffen die Auswahl des Sponsors, handeln den Vertrag mit aus und entscheiden über ihre zu erbringenden Gegenleistungen. Ein Sponsoring grundsätzlich abzulehnen aus Sorge, „über den Tisch gezogen zu werden", zeugt nicht nur von einem geringen Selbstbewußtsein, sondern ist bei Beachtung der genannten Verhaltensregeln unbegründet. Zudem werden SozialpädagogInnen und SozialarbeiterInnen angesichts der finanziell prekären Lage der Sozialen Arbeit es sich nicht leisten können, auf eine mögliche Geldquelle und auf entsprechende Angebote für Hilfebedürftige zu verzichten, und seien die Beweggründe noch so ehrenwert.

Auch wenn die Problematik der Glaubwürdigkeit zunächst und in erster Linie die Sozialorganisationen betrifft, an dieser Thematik kann auch die Wirtschaft nicht vorbei. Werner Zorn (1991, 9) von „IBM-Deutschland" räumt diesbezüglich ein: „Die Glaubwürdigkeit des Unternehmens steht auf dem Spiel, wenn ethische und moralische Kategorien nur bei den gemeinnützigen Organisationen und den Sponsoring-Aktivitäten, nicht aber beim Geschäftsgebaren eine Rolle spielen." Daß auf Unternehmensseite der Fördergedanke und die Kommunikationsfunktion nicht die einzigen Sponsoring-Motive sind, belegt der Journalist Günter Ogger (1992, 105ff.), der in seinem Bestseller „Nieten in Nadelstreifen" grundsätzliche Kritik am Sponsoring übt:

> Manager bitten ihre Aktionäre und Gesellschafter zur Kasse, „um sich im Glanze prominenter Sportler, internationaler Kulturträger oder Wissenschaftler zu sonnen" – zum Schaden des Unternehmens. Gesponsert werde, was einzelne Vorstandsmitglieder oder Geschäftsführer für förderungswürdig halten – „und das sind meist Veranstaltungen, Vereine oder Aktionen, an denen sie persönliches Interesse haben". Ogger bezeichnet die sponsernden Manager als „eitle Selbstdarsteller". Und: „Für alle die Möchtegerns ... bietet ... Sponsoring reichlich Gelegenheit, sich mit fremden Federn zu schmücken."

4.2. DER KONFLIKT ZWISCHEN „HELFERN" UND „MACHERN"

Beim Sozial-Sponsoring treffen zwei Welten, zwei Kulturen aufeinander: die Welt der „dynamischen Macher und Manager" in den Führungsetagen der Unternehmen und die Welt der „mitleidsfähigen

HelferInnen" in den Sozialorganisationen. Der/die MarketingleiterIn eines Unternehmens unterscheidet sich in aller Regel schon in in seinem/ihrem Habitus (Kleidung, Lebensstil, Sprache, Auftreten, Arbeitsweise), geschweige denn in seinen/ihren materiellen Ressourcen (Einkommen) stark von einem/r GeschäftsführerIn einer sozialen Einrichtung. Professor Christoph Tiebel von der Fachhochschule Heilbronn beschreibt in einem Beitrag für die „Frankfurter Allgemeine Zeitung" (1993) das mangelnde Verständnis beider Sponsoring-Partner wie folgt: „Der eine redet unkaufmännisch von ‚Unkosten', der andere ergießt sich in Anglizismen des Marketings und demonstriert so Borniertheit in den Augen der ‚Sozialen'". Auch Stefan Nährlich (1994, 13) stellt eine jahrelange gegenseitige Ignoranz zwischen Non-Profit-Organisationen und kommerziellen Unternehmen fest: „Es gehört gerade zum Wesensgrund aller sozialen Berufe ... helfen zu wollen, ‚koste es was es wolle', und es muß als äußerste Provokation angesehen werden, wenn von der Sozialarbeit verlangt wird, sich als Ökonom zu betrachten."
Die Berührungsängste, Mißtrauen und Vorurteile, die es ohne Frage auf beiden Seiten gibt und eine Zusammenarbeit erschweren, gründen darüber hinaus vor allem auch in unterschiedlichen Wertmustern, Ordnungsvorstellungen, Gesellschaftsverständnissen und Politikeinstellungen.

(1) Die kritische Haltung von MitarbeiterInnen in Sozialorganisationen gegenüber der Wirtschaft hat ihre Gründe nicht nur in den Deutungsmustern und Idealen der „68er-Bewegung", sondern sie resultiert aus dem Selbstverständnis von Sozialer Arbeit: Die Beschäftigung mit den Entstehungszusammenhängen von sozialen Problemen, dem Gegenstand der Sozialen Arbeit, hat sie darin bestärkt, das „kapitalistische System", die Konsumgesellschaft mit ihren Auswirkungen (Individualisierung, Entsolidarisierung) für viele soziale Probleme verantwortlich zu machen. Sie halten deswegen den „industriellen Komplex" und die „freie Marktwirtschaft" für ein Grundübel, das Menschen in Lebenslagen bringt, die sie nicht mehr selbst bewältigen können. Sie stellen dieses Wirtschaftssystem mit seinen Kennzeichen der Profitmaximierung und der Wachstumsorientierung ebenso in Frage wie die daraus resultierenden sozialen Strukturen, Lebensformen und Verhaltensmuster, und fordern politische und gesellschaftliche Veränderungen ein.
Diese grundsätzlichen Vorbehalte gegenüber der Wirtschaft lassen hinter dem Marketing-Instrument „Sozial-Sponsoring" eine rücksichtslose Werbung der Wirtschaft vermuten. Sie befürchten die

Manipulation und Fremdbestimmung der Hilfebedürftigen und der Sozialorganisationen durch die Wirtschaft: Sozial-Sponsoring gleichsam als „Trojanisches Pferd", mit dem Wirtschaftsinteressen in die sozialen Einrichtung eingeschleust werden.

> „Es soll in der sozialen Arbeit immer noch Leute geben, die identifizieren ‚sozial sein' geradewegs mit ‚moralisch handeln' (bzw. ‚unsozial' mit ‚unmoralisch'). Das wirtschaftliche Handeln dagegen erscheint ihnen ethisch indifferent, von Moral frei (wenn nicht schlimmer, nämlich von egoistischer Gewinnsucht geprägt, statt altruistisch motiviert), – jedenfalls entfernt vom sozialen Denken und Handeln." (Wendt 1991, 47)

SozialarbeiterInnen und SozialpädagogInnen sehen in ihren KlientInnen die Symptomträger wirtschaftlich und gesellschaftlich verursachter Probleme, um deren (Hilfe zur) Bewältigung sich die Soziale Arbeit bemüht: Arbeitslosigkeit, Armut, Obdachlosigkeit, Ausgrenzung, Vereinzelung, Krankheit usw. Sie werfen den Wirtschaftsunternehmen mit beredten Beispielen vor, daß sie nur auf ihre Gewinne aus seien und den sozialen sowie ökologischen Folgen ihres Handelns nach wie vor zu wenig Aufmerksamkeit schenkten. Diese – durchaus angebrachte – Skepsis erschwert es ohne Frage, eine gemeinsame Sprache und zu einer Kooperation zu finden.

(2) Auf seiten der Unternehmen finden sich ebenfalls Vorbehalte und kritische Einstellungen gegenüber der Sozialen Arbeit. Weit verbreitet ist die Ansicht, in Sozialorganisationen arbeiteten nur Linke, Systemveränderer, Moralisten oder Idealisten und Träumer. Zudem äußern sich FirmenvertreterInnen kritisch gegenüber SozialpädagogInnen und SozialarbeiterInnen, die nichts von wirtschaftlichen Zusammenhängen verstünden (und deshalb wirtschaftsfeindlich eingestellt seien). Marketing-Professor Manfred Bruhn (1990a, 94) ist denn auch der Meinung, daß die Non-Profit-Organisationen die Interessen und Entscheidungsprozesse eines Wirtschaftsunternehmens nicht kennen, – ein Umstand, der bei der Anbahnung eines Sponsorings sehr hinderlich ist. Des weiteren halten die Unternehmen Sozialorganisationen – teilweise mit Berechtigung – Unfähigkeit und mangelnde Bereitschaft vor, ihre Einrichtungen betriebswirtschaftlich zu führen. Mißwirtschaft gilt ihnen gar als Erkennungsmerkmal sozialer Einrichtungen. Es fehlten systematische Planungen, exakte Budgetierungen, Kosten-Nutzen-Analysen, Erfolgskontrollen und Folgekostenabschätzungen. Professor Christoph Tiebel schreibt in diesem Zusammenhang von „verkrusteten Strukturen und unprofessionellem Auftreten auf dem Markt" (Frankfurter Allgemeine Zeitung 1993). Diese fehlende Professionalität bemängelt auch der

Abteilungsleiter der Förderprogramme bei „IBM-Deutschland", Rudolf Rehberg, der Schwierigkeiten hatte, attraktive Sozialpartner für gemeinsame „Secondments" zu finden:

> „Wir sagen zu der sozialen Einrichtung: ‚Machen Sie 'mal Projektvorschläge'. Und dann kommt nichts. Die wollen doch bloß das Geld" (Telefonat vom 26. Oktober 1992). Die vorhandenen Sozialprojekte seien zumeist nicht geeignet, um moderne IBM-Technologie einzusetzen und den Einsatz medienwirksam darzustellen.

Die VertreterInnen der Wirtschaft wehren sich gegen den Vorwurf, sie verbergen die Eigeninteressen, die hinter einem Sponsoring stehen. Vielmehr seien die Motive und Erwartungen bekannt und überall nachzulesen, die mit derartigen Investitionen verbunden seien (Fohrbeck 1989, 66).

Voreingenommenheit und Unkenntnis sind also hier wie dort anzutreffen. Da es die sozialen Einrichtungen sind, die dringend Geld für ihre Arbeit brauchen, müssen sie den ersten Schritt tun und sich in die Denkweise eines Unternehmens hineinversetzen. SozialarbeiterInnen und SozialpädagogInnen brauchen dabei ihre Sichtweisen und Interessen nicht zu kaschieren, denn die Eigenschaft, „Soziales zu repräsentieren" (Knopf 1990b), macht sie für die Wirtschaft interessant. Sie verfügen gewissermaßen über eine Dienstleistung, die sie den Unternehmen im Rahmen eines Sozial-Sponsorings anbieten können.

> „Authentisches Aufeinanderzugehen und Neugier für die jeweils andere Arbeitsweise – dies sind Faktoren, die Sponsoring wirksam machen können. Oft passiert das durch unmittelbare Betroffenheit, wenn beispielsweise ein Manager eine nachbarschaftliche oder familiäre Gesundheitskrise als neuen Ansatzpunkt entdeckt. Oft passiert das aber auch durch unmittelbare und vertrauensvolle Gespräche, durch Offenheit und durch Darlegung aller Facetten." (Labetzsch 1992, 20)

Wenn Offenheit zur Basis einer partnerschaftlichen Zusammenarbeit wird und der Sponsor über alle Belange, über Erfolge und Schwierigkeiten des gemeinsamen Projektes informiert ist, kann in günstigen Fällen sogar mehr als nur eine finanzielle Unterstützung eines Projektes erreicht werden: „Die Identifikation mit dem sozialen Projekt wächst in dem Maße, wie es dem Sponsor ermöglicht wird, Einblicke zu erhalten" (Labetzsch 1992, 21). Sozial-Sponsoring könnte so vielleicht zu einem Trojanischen Pferd werden, das soziale Fragen, Problembewußtsein oder neue Ideen in Unternehmen einschleust. Im übrigen haben sich zwischen beiden „Kulturen" auch Annäherungen ergeben, etwa über die Rezeption und Anwendung von Management- oder Gesprächsführungsmethoden. Auch hat sich in der Wirtschaft bisweilen die Erkenntnis durchgesetzt, daß Sozialleistungen, wie etwa die Garantie auf den Arbeitsplatz nach mehrjährigen Kindererziehungszeiten, ein Unternehmen für ArbeitnehmerInnen attraktiver machen.

4.3. Grenzen des Sozial-Sponsorings

Kann ein Kinderheim finanzielle Unterstützung von „Burger King" oder „Coca Cola" annehmen? Soll sich der Caritasverband an einer Lotterie beim „Schmuddelsender" „RTL" beteiligen? Darf das Jugendherbergswerk in seinen Einrichtungen Kochwettbewerbe mit Knorr-Tütensuppen veranstalten? (Tarneden 1992). Wann ist die (Schmerz-)Grenze eines Sozial-Sponsorings erreicht?
Eine grundsätzliche Antwort auf diese Frage fällt schwer. In jedem einzelnen Fall muß neu darüber entschieden werden, ob ein Sponsoring vertretbar ist und das Ansehen der Sozialorganisation nicht ramponiert. Sozial-Sponsoring stößt an Grenzen, wenn

(a) der Sponsor die Spielregeln verletzt, die im Vertrag festgelegt sind. Darunter fällt vor allem die klare Vereinbarung, daß sich der Geldgeber inhaltlich aus der Sozialen Arbeit herauszuhalten hat;
(b) die gesellschaftliche Akzeptanz fehlt. Selbst wenn die Sozialorganisation die Glaubwürdigkeit eines Unternehmens geprüft hat, bleiben auch während des Sponsorships Wachsamkeit und Kontrolle äußerst wichtig, um eine mögliche Diskrepanz zwischen offiziellen Verlautbarungen des Sponsors und der Firmen-Wirklichkeit aufzudecken. Schon aus Eigeninteresse werden die Sponsoren Fehlleistungen und die öffentliche Diskussion über seine mangelnde Glaubwürdigkeit vermeiden;
(c) das Projekt nicht öffentlichkeitswirksam darstellbar ist. Für Sponsorships eignen sich in aller Regel nur bestimmte Einzelvorhaben und Projekte. „Sozial-Sponsoring erreicht tendenziell nur spektakuläre, öffentlichkeitswirksame Projekte" (Tarneden 1992, 21). Kleine Zielgruppen und solche mit geringer Medienwirksamkeit werden eher selten in den Genuß von Sponsoring-Gelder kommen. Schon allein deshalb ist Sozial-Sponsoring kein Allheilmittel gegen chronische Finanznot von Sozialorganisationen;
(d) die wirtschaftliche Rezession die Unternehmen zwingt, ihre Etats nach Sparmöglichkeiten zu durchforsten. Wenn der Abbau von Arbeitsplätzen droht, lassen sich Sponsorings nur schwerlich begründen. Diese Geldquellen können also auch wieder versiegen,

worauf die Organisationen vorbereitet sein müssen. „So wie sich Trends schnell verändern, so schnell wird sich auch das Sozial-Sponsoring veränderten Gegebenheiten anpassen. D. h. soziale Einrichtungen dürfen sich nicht auf eine kontinuierliche Unterstützung aus der Wirtschaft verlassen", warnt Peter A. Philipp, Abteilungsdirektor der Öffentlichkeitsarbeit von „Daimler Benz" (VEEMB 1993, 20). Gemeinnützige Organisationen sollten sich also nicht in die finanzielle Abhängigkeit einer Firma begeben.

Klaus Schuhmacher, Referent für Presse und Öffentlichkeitsarbeit des Wittekindshof, legt – für die Behindertenarbeit – Bereiche fest, die im Rahmen eines Sponsorships auf keinen Fall zur Disposition stehen:

> (a) „Klischees von Elend und Mitleid, wie sie in der Geschichte der Behindertenarbeit durchaus vorgekommen sind, haben im Rahmen heutiger Kommunikation keinen Platz.
> (b) Die Unverletzlichkeit der Menschenwürde ist oberstes Gebot. Das heißt dann auch, daß Einzelschicksale von Bewohnerinnen und Bewohnern tabu sind.
> (c) Wir haben als Gegenleistung kein Kinderlachen und keine glücklichen Gesichter auf Bestellung anzubieten.
> (d) Bewohner und Mitarbeiter stehen nicht als Werbeträger zur Verfügung.
> (e) Formen aktiver Verkaufsförderung kann es nicht geben.
> (f) Entscheidungskompetenzen hinsichtlich der Durchführung der Arbeit sind unveräußerlich." (VEEMB 1993, 93)

Der Staat soll und kann durch Sozial-Sponsoring nicht aus der sozialstaatlichen Verantwortung für alle BürgerInnen entlassen werden. Gerade die Arbeit mit Randgruppen und Ausgegrenzten, Obdachlosen, Drogenabhängigen, Asylbewerbern, schwierigen Jugendlichen usw. ist auf eine öffentliche Förderung angewiesen. Sponsorships wie etwa bei der Berliner Aids-Hilfe sind die Ausnahmen (die Sponsor-Firma „PSI" befindet sich im Besitz der Belegschaft und verfolgt Ideen alternativen Wirtschaftens). Für viele dieser Gruppen interessiert sich die Wirtschaft nicht.

Wenn die Soziale Arbeit die angesprochenen Klärungen und Entscheidungen vornimmt, wird sie bei einem Sponsoring der Wirtschaft nicht „gefällig", inhaltlich fremdbestimmt und finanziell abhängig werden. Mit dem Sponsoring kann sie finanzielle Möglichkeiten für bestimmte punktuelle Initiativen nutzen, wozu auch Peter A. Philipp von „Daimler Benz" rät: „Die Wirtschaft ist bereit zu kooperieren – deshalb: Nutzen Sie das Angebot, indem sie ‚soziales Image' verkaufen, ohne sich selbst zu verkaufen!" (VEEMB 1993, 21).

Anhang: Wege aus der finanziellen Misere

Finanzielle Mittel sind für Sozialorganisationen und ihre Arbeit – ähnlich wie ehrenamtliches Engagement – wichtige Ressourcen. Dennoch fällt die Thematisierung finanzieller Fragen sowie die Akquisition von Mitteln den MitarbeiterInnen in sozialen Einrichtungen vielfach sehr schwer. Diesen Fragen soll im folgenden nachgegangen werden. Sozialorganisationen haben außer dem Sponsoring noch folgende Finanzierungsmöglichkeiten:

(1) SPENDEN

Die Deutschen sind das spendenfreudigste Volk in Europa; besonders zur Weihnachtszeit profitieren Wohlfahrtsorganisationen und Kirchen von dieser Spendenbereitschaft. 30 bis 50 Prozent des jährlichen Spendenaufkommens werden – nicht zuletzt auch aus steuerlichen Gründen – in dieser Jahreszeit überwiesen. Aufs Jahr hochgerechnet beträgt der durchschnittliche Spendenbetrag der Deutschen rund 16 DM pro Person.
Eine professionelle Öffentlichkeitsarbeit und offensive Spendenakquisition muß sich überlegen, ob sie dieser „Saison" nicht besser ausweicht und Spendengelder gleichsam antizyklisch sammelt.
Die Methoden, zu Spenden zu kommen, sind vielfältig:

(a) *Persönlich adressierter Bittbrief:* Der persönlich adressierte Bittbrief („direct mailing") ist in deutschsprachigen Ländern die häufigste Form des „fund raising"[5]. Einem anspruchsvollen „direct mail" gehen meist umfangreiche Vorbereitungen voraus, oft mit Hilfe einer Agentur. Diese Vorarbeiten bestehen darin, aus der Gesamtbevölkerung diejenigen herauszufiltern, die bereit sein könnten, die Sozialorganisation zu unterstützen. Diese Auswahl geschieht mittels geographischer, beruflicher oder „Lebensstil"-Kriterien. Der angeschriebene Adressatenkreis kann sich auch auf wenige Personen oder Organisationen beziehen, wie etwa (einzelne) Unternehmen der Industrie und des Handels, den Lions- oder den Rotary-Club, bestimmte BürgerInnen usw. Für diese Form der Spendenakquisition ist die lesefreundliche und überzeugende Gestaltung des Umschlags, des Brieftextes und -layouts und der Beilage von großer Wichtigkeit.

---

[5] „Fund raising" heißt „Geldbeschaffung" und wird als Begriff im deutschen in der Regel nur für Spendenwerbebriefe verwandt.

Die Botschaft des Schreibens soll beim Adressaten Interesse an der Sozialen Arbeit wecken und den Wunsch zu helfen bewirken (Tempel 1992; Fäh/Ebersold/Zaugg 1991).

(b) *Allgemeiner Spendenaufruf:* Ein solcher Spendenaufruf wird zumeist als Streusendung an alle Haushalte eines bestimmten Gebietes oder an die AbonnentInnen einer Zeitung oder Zeitschrift verteilt. Diese Akquisitionsform ermöglicht, eine große Zahl von potentiellen SpenderInnen zu erreichen. Jene AdressatInnen, die positiv antworten bzw. eine Spende tätigen, können dann in einer nachfolgenden Aktion persönlich angeschrieben werden (siehe Buchstabe a; Fäh/Ebersold/Zaugg 1991).

(c) *Persönliches Bitten um Spenden:* Das persönliche Bitten um Spenden ist die klassische Sammelmethode in der Sozialen Arbeit. In der Regel bestehen diese aus Haus- und Straßensammlungen der Wohlfahrtsverbände und anderer Sozialorganisationen. Sammlungen sind genehmigungspflichtig. „Diese Methode hat vor allem ihre Gültigkeit für Institutionen mit beschränktem geographischem Umfeld" (Fäh/Ebersold/Zaugg 1991, 41). Daneben wird bei besonderen Anlässen gespendet, wie etwa bei Geburtstagen, in Gottesdiensten, bei Beerdigungen usw.

(d) *Medienakquirierte Spenden:* Sozialorganisationen können auch durch Inserate, Plakataktionen oder im Rundfunk- bzw. Fernsehen zu Spenden aufrufen. Je nach Adressatenkreis des Print- und elektronischen Mediums kann ein solcher Aufruf zielgruppenspezifisch erfolgen.

Am erfolgreichsten betreiben die Spitzenverbände der Freien Wohlfahrt das Spendenwesen. Sie haben den meisten Mitbewerbern ihren hohen Bekanntheitsgrad voraus. Einen ebenfalls leichten Stand haben jene Organisationen, die sich der tätigen Mitarbeit Prominenter erfreuen, wie etwa Mildred Scheel für die Deutsche Krebshilfe, Klaus Jürgen Wussow, Dieter Kürten. „Hier haben traditionsgemäß vor allem die Gattinnen angesehener Politiker ein reiches Betätigungsfeld gefunden" (Mann/Bokatt 1985, 19).

Leider versuchen „Schwarze Schafe" immer häufiger, rein kommerzielle Zwecke mit angeblich karitativen Absichten zu tarnen, etwa im Rettungsflugwesen, im Bereich von Altkleidern und Secondhandwaren; auch sogenannte „Drücker", die an der Haustür Zeitschriftenabonnements verkaufen, zählen zu diesem Kreis, oder der Verkauf von Benefiz-Schallplatten, die in erster Linie ein lukratives Geschäft für die Plattenfirma, die InterpretInnen und den Handel sind.

Laut Badischer Zeitung (1992d) kostet Wim Thoelkes „Super Hitparade 92/93" – beworben vom ZDF-Label „Der Große Preis" – als CD 27,90 DM. An die Deutsche Behindertenhilfe fließen davon lediglich 3 DM, der Handel kassiert 30 Prozent, selbst die Sendeanstalten kassieren 5 Prozent vom Ladenverkaufspreis als „Kooperationsabgabe". Wenn die KünstlerInnen wirklich auf ihre Tantiemen verzichteten, könnte der „Aktion Sorgenkind" die dreifache Summe zufließen. Bei – in diesem Fall – verkauften Stückzahlen von 100.000 bis einer halben Million verwundert es nicht, daß sich die Plattenbranche darum reißt, Benefiz-Schallplatten in Zusammenarbeit mit karitativen Organisationen zu produzieren.

Einen gewissen Empfehlungscharakter hat die Einhaltung bestimmter Anforderungen, die vom Deutschen Zentralinstitut für soziale Fragen (DZI) geprüft wird. So hat das DZI bislang 42 Organisationen der freien Wohlfahrtspflege ein solches Spendensiegel verliehen, welches ein vorzügliches Gratis-Marketinginstrument für die betroffenen Organisationen darstellt. Lokale Initiativen haben aber schlechte Chancen, für ihre Spendenwerbung ein solches „Gütesiegel" zu bekommen, weil das DZI nur überregional arbeitende Organisationen „unter die Lupe nimmt".

(2) STIFTUNGEN

In Deutschland gibt es über 3.000 Stiftungen (Die Paritätische Geldberatung 1992). Ihr Kapital beläuft sich insgesamt auf etwa 700 bis 800 Mio DM, wovon ein Drittel auf sozialorientierte Stiftungen entfällt, zwei Drittel auf Stiftungen, die sich hauptsächlich wissenschaftlicher und kultureller Förderung annehmen (Handelsblatt 1990). Die GründerInnen von Stiftungen wollen damit im Sinne eines Vermächtnisses auf das gesellschaftliche Leben und seine Entwicklung Einfluß nehmen.

> Die „Hamburger Stiftung zur Förderung von Wissenschaft und Kultur" beispielsweise wurde vom Zigaretten-Fabrikanten „Reemtsma" gegründet. 1984 galt sein Engagement dem Aufbau des „Hamburger Instituts für Sozialforschung", dessen Ziele an das Vorbild der Frankfurter Schule angelehnt sind. Dort wurden unter anderem eine Aids-Studie und eine Analyse der Neuen Armut in Industrieländern publiziert (Fohrbeck 1989).

Um an Geldmittel aus Stiftungen heranzukommen, müssen die Sozialorganisationen dort einen entsprechenden Antrag stellen. Die Vergabe von Mitteln erfolgt zumeist nach Vergaberichtlinien, die vom Stifter oder der Stiftung bestimmt werden/worden sind.

> So konzentriert sich beispielsweise die „Deutsche Behindertenhilfe - Aktion Sorgenkind e.V." insbesondere auf Hilfen für Kinder und Jugend-

liche. Die Zuwendungen werden für Personal-, Sachkosten und Inventar gewährt, aber auch für Neu- und Erweiterungsbauten, Modernisierungsmaßnahmen sowie für heilpädagogische und technische Hilfsmittel (Zentralblatt für Jugendrecht 1991).

(3) BUSSGELDER UND AUFLAGEN

Deutsche RichterInnen verteilen jedes Jahr rund 150 Mio DM Bußgelder an gemeinnützige Organisationen (Grotenbeck 1992), – Gelder, die aus Gerichtsverfahren mit einer entsprechenden Verurteilung oder aus Verfahren stammen, die eingestellt wurden, weil sich ein/e Angeklagte/r bereit erklärt hat, ein Bußgeld zu bezahlen.
Diese Finanzierungsquelle ist bei sozialen Einrichtungen verständlicherweise äußerst begehrt. Um auf die Liste der potentiellen Geldempfänger aufgenommen zu werden, muß nur die vom Finanzamt bescheinigte Gemeinnützigkeit vorliegen. Zusammen mit der Vereinssatzung können soziale Einrichtungen beim Landgericht und beim Oberlandesgericht einen formlosen Antrag stellen.
Die Verteilung der Gelder liegt im Ermessen des/der jeweiligen Richters/in. Meist können die Vereine über diese Einnahmen frei verfügen, nur in seltenen Fällen sind sie an einen bestimmten Zweck gebunden.

(4) SONSTIGE FINANZIERUNGSMÖGLICHKEITEN

In vielen Fällen bieten sich zur Finanzierung der Sozialen Arbeit Mischfinanzierungen an.
Öffentliche Träger von Einrichtungen können sich zusätzlich zu ihren eigenen Mitteln um Zuschüsse von der EU, aus der Bundeskasse, vom jeweiligen Bundesland, vom Landkreis, dem überörtlichen Leistungsträger bemühen, sofern dort entsprechende Gelder (Maßnahmenprogramme) zur Verfügung stehen. Ein Sozial-Sponsoring kommt für sie wohl seltener in Frage.
Die *freien Träger* von Sozialorganisationen finanzieren ihre Angebote mit ihren (meist begrenzten) Eigenmitteln und vor allem mit Hilfe von Zuschüssen der „öffentlichen Hand", Pflegesätzen usw. Neben diesen und den oben genannten Finanzierungsquellen bieten sich außerdem folgende Möglichkeiten an:

(a) Werbung von Mitgliedern bzw. Aufbau eines Fördervereins
(b) Benefiz-Konzerte und andere Wohltätigkeitsveranstaltungen
(c) Lotteriegelder
(d) Erbschaften

(e) Patenschaft oder Förderkreis für ein Projekt
(f) wirtschaftliche Betätigung, wie etwa Bazare, Feste, Stände, Buch- und Postkartenverkauf, Projekt-Bausteine[6], Wohlfahrtsbriefmarken der Spitzenverbände usw.

Der Paritätische Wohlfahrtsverband in Nordrhein-Westfalen hat beispielsweise für selbstorganisierte Soziale Arbeit und Selbsthilfegruppen 1986 eine Geldberatungstelle eingerichtet, die Mitgliedseinrichtungen umfassend über vorhandene und neue Finanzierungsmöglichkeiten berät. „Sie will einen Beitrag dazu leisten, daß soziales Engagement nicht an knapper Kasse scheitert" (Die Paritätische Geldberatung 1992, 1).

---

[6] Beispielsweise für den Bau eines Mädchenhauses werden kleine Bauklötze im Wert von 50 bis 200 DM verkauft.

Literatur

ABSATZWIRTSCHAFT (1990): Sponsoring-Barometer, Heft 9/90, 80–86
AUER, Manfred/GERZ, Manfred (1992): Social Marketing als unternehmerisches Erfolgskonzept. Landsberg/Lech
BADISCHES TAGBLATT (1993): Auszubildende errichten Matschecke für Kindergarten. Nr. 247, Ausgabe vom 25.10.93
BADISCHE ZEITUNG (1992a): Zukunftsfächer für Wirtschaft und Wissenschaft. Ausgabe vom 8.8.1992
BADISCHE ZEITUNG (1992b): Ein Wohnhaus für Aidskranke, 24.10.1992
BADISCHE ZEITUNG (1992c): Ökosponsoring – gefährliche Versuchung für Umweltgruppen. Ausgabe vom 15.12.1992
BADISCHE ZEITUNG (1992d): Nicht nur zur Weihnachtszeit – Das Milliardengeschäft mit der Wohltätigkeit. Ausgabe vom 22.12.1992
BADISCHE ZEITUNG (1993): Ein Auto für die Freiburger „Amsel". Ausgabe vom 5.4.1993
BANK FÜR SOZIALWIRTSCHAFT (o.J.): Sozial-Sponsoring. Seminarunterlagen. Köln
BAUMGÄRTEL, Tilman (1992): Die neue Großzügigkeit. In: DIE ZEIT Nr.51 vom 11.12.1992
BERTHOLD, Christian (1993): Social Sponsoring als gesellschaftliches Innovationspotential. In: LEIF/GALLE 1993
BICKMANN, Roland (1991): Art-Sponsoring und Event Creation. In: STRAHLENDORF 1991
BRUHN, Manfred (1989a) (Hg.): Handbuch des Marketing. München
BRUHN, Manfred/TILMES, Jörg (1989b): Social Marketing. Stuttgart
BRUHN, Manfred (1990a): Sozio- und Umweltsponsoring. München
BRUHN, Manfred/DAHLHOFF, Hans Dieter (1990b) (Hg.): Sponsoring für Umwelt und Gesellschaft. Bonn
BRUHN, Manfred (1991): Sponsoring – Unternehmen als Mäzene und Sponsoren. Frankfurt 2. Auflage
BRUHN, Manfred/MEHLINGER, Rudolf (1992): Rechtliche Gestaltung des Sponsoring. München
BÜSCHEMANN, Karl-Heinz (1992): „Die Kids kennen nur die Helden", ZEIT-Serie Sport und Kommerz III. In: DIE ZEIT Nr. 27 vom 26.6.1992
CHRISTOPHORUS JUGENDWERK (o.J.): Broschüre, Projekt „Camino de Santiago"
CLÜVER, Harm/ROTH, Peter (1989): Auf die sanfte Tour. In: MANAGER MAGAZIN Heft 3/1989, 216–225
CREMER, Stephan M. (1990): Sozio- und Umweltsponsoring aus Sicht des Beraters. In: PR MAGAZIN Heft 10/1990, 35–38
DAIMLER BENZ AG (1993): Hilfe zur Selbsthilfe für Menschen und ihre Zukunft, Soziale Förderprojekte. Werbebroschüre
DER SPIEGEL (1989): Mitleid im Big Mäc. Heft 19/1989, 87–92

Die paritätische Geldberatung e.G. (1992): „Ohne Moos nix los!" Fund Raising. Unterlagen der Fortbildung, Wuppertal vom 27.6.1992

Erbelding, Martin (1991): Social-Sponsoring – Anschluß verpaßt? In: PR Magazin Heft 11/1991, 15–21

Erdtmann, Stefan L. (1989): Sponsoring und emotionale Erlebniswerte. Wiesbaden

Fäh, Bruno/Ebersold, Eerner/Zaugg, Robert (1991): Geldsammeln im Dienste des Mitmenschen. Bern, Stuttgart

Famosa e.V. (1992): (früher: Projekt zur Förderung der Familienselbsthilfe) Zauberformel Sozial-Sponsoring? Seminar-Reader. München

Frankfurter Allgemeine Zeitung (1989): Wenn IBM den World Wildlife Fund unterstützt. Ausgabe vom 23.11.1989

Frankfurter Allgemeine Zeitung (1990): Nach dem Sportsponsoring jetzt das Ökosponsoring. Ausgabe vom 9.11.1990

Frankfurter Allgemeine Zeitung (1991): IBM kauft für 10 Mio bei Behindertenwerkstätten ein. Ausgabe vom 20.8.1991

Frankfurter Allgemeine Zeitung (1992): Vier Millionen für soziale Verpflichtung. Ausgabe vom 29.4.1992

Frankfurter Allgemeine Zeitung (1993): Nachholbedarf für die gemeinnützigen Organisationen. Ausgabe vom 9.7.1993

Finanzministerium Baden-Württemberg (1991): Das Finanzamt und die gemeinnützigen Vereine, Informationsschrift. Stuttgart

Fohrbeck, Karla (1989): Renaissance der Mäzene? Köln

Frankfurter Rundschau (1992a): Die Arbeit wächst stärker als die Zuschüsse. Ausgabe vom 11.6.1992

Frankfurter Rundschau (1992b): Öko-Logisch, Öko-Sponsoring. Ausgabe vom 28.7.1992

Frankfurter Rundschau (1992c): „Sponsoring" an der Universität. Ausgabe vom 13.8.1992

Friese, Beate/Nafroth, Ralf (1991): Projektberichte: Erste und zweite Kampagne für das Kinder- und Jugendtelefon. Köln, Wuppertal

Gerken, Gerd (1992): Werbung im Umbruch. In: Capital Heft 1/1992, 326

Gesterkamp, Thomas (1992): Kaufhaus und Kinderschutzbund – Ein gutes Gespann? In: Sozialmagazin Heft 7,8/1992, 14–17

Gleich, Michael F. (1989): Zahltag – Konzerne zahlen Millionen an Naturschutzverbände. In: Natur Heft 12/1989, 26–33

Grosjean, René Klaus (1992): Handbuch Geldbeschaffung. München

Grotenbeck, Walter (1992): Social marketing IV – sponsoring. In: Unsere Jugend Heft 9/1992, 380–382

Handelsblatt (1990): Für ein stiftungsfreundliches Klima. Ausgabe 19.2.1990

Hanke, Thomas (1992): Die Spendensauger: In: Die Zeit Nr. 11 vom 6.3.1992

Haunert, Friedrich (1992): Die Schnittstelle. FISK Berlin, Forschung und Beratung. In: Sozialmagazin Heft 7,8/1992, 32–33

HAUSER, Thomas (1991): Der Sponsoring-Vertrag im schweizerischen Recht. (Dissertation) Zürich
HERBERG, Thomas (1992): Wenn es auf dem Mundenhof „Stern"-Taler regnet. In: BADISCHE ZEITUNG Ausgabe vom 27.6.1992
HERMANNS, Arnold (1989) (Hg.): Sport- und Kultursponsoring. München
HERMANNS, Arnold/PÜTTMANN, Michael (1991): Sponsoring – Modernes Instrument der Marketingkommunikation. In: VERSICHERUNGS-WIRTSCHAFT Heft 12/1991, 702–707
HORST, Peter (1992): Sumpfdotterblumen im neuen Biotop. Rechtliche und steuerliche Gefahren beim Ökosponsoring. In: MANAGER MAGAZIN SPEZIAL Heft 2/1992, 64
HÜNDGEN, Gerald (1992): Social-Sponsoring ist zuerst Öffentlichkeitsarbeit. In: SOZIALMAGAZIN Heft 7,8/1992, 22–25
IBM (1990): Das Secondment-Programm der IBM Deutschland GmbH. Werbebroschüre Heft 10/1990
JENSEN, Klaus (1993): Social-sponsoring – Geschäft mit der Not? In: LEIF/GALLE 1993
JOST, Wolfgang (1992): Social Marketing. In: SOZIAL Heft 2/1992, 212–217
KAIRIES, Peter (1991): Jugendförderung über Vereine und Stiftungen. In: ZENTRALBLATT FÜR JUGENDRECHT Heft 12/1991, 582–585
KNOPF, Detlef (1990b): Sponsoring aus Sicht der nicht-kommerziellen Organisationen. In: BRUHN/DAHLHOFF 1990b
KOTLER, Philipp/BLIEMEL, Friedhelm (1992): Marketing-Management. Stuttgart 7. Auflage
LABETZSCH, Bernd (1992): Sponsoring heißt Leistung und Gegenleistung. In: SOZIALMAGAZIN Heft 7,8/1992, 18–21
LEIF, Thomas/GALLE, Ulrich (1993)(Hg.): Social Sponsoring und Social Marketing. Köln
LEWKOWICZ, Marina (1991) (Hg.): Neues Denken in der sozialen Arbeit. Freiburg
MAELICKE, Bernd/REINBOLD, Brigitte (1990) (Hg.): Organisationsentwicklung im sozialen Bereich. Tagungsreader. ISS-Paper 49, Frankfurt
MANDERSCHEID, Hejo (1991): Marketingorientierung in der sozialen Arbeit. In: CARITAS 1991, Jg. 1992, Heft Nr. 5, 212–218
MANN, Robert/BOKATT, Werner (1985): Spendenmarkt Deutschland. Hamburg
MAUERER, Stefan (1992): So finden Sie den richtigen Sponsor. München
METZGER, Kurt (1992): Rechtliche Grundlagen des Sponsoring. In: VEREIN & MANAGEMENT Heft 12/1992, 7–9
MUSSLER, Dieter (1990b): Sozio- und Umweltsponsoring aus Sicht des Beraters. In: BRUHN/DAHLHOFF 1990b
MUSSLER, Dieter (1991): Sponsoring in den 90er Jahren. In: STRAHLENDORF 1991
NÄHRLICH, Stefan (1994): Von den Angelsachsen lernen. In: SOCIALMANAGEMENT Heft 1/1994, 12–15

NEISES, Gerd (1992): Tun, was zu tun ist. In: NDV (Nachrichtendienst des Deutschen Vereins) Heft 7/1992, 231–233

NEUES HANDELN (o.J.): Schriften der „Beratungsgesellschaft für sozialverantwortliches Wirtschaften und demokratische Kultur". Köln

OPPL, Hubert (1991): Organisationsentwicklung in Non-Profit-Organisationen. In: LEWKOWICZ 1991

ORLOWSKI, Petra/WIMMER, Gertrud (1992): Zauberformel Sozial-Sponsoring? In: SOZIALMAGAZIN Heft 7,8/1992, 26–29

PHILIPP, Peter A. (1993): Sponsoring als Instrument der Kommunikation. In: VEEMB 1993

PIPER, Nikolaus (1992): Moral schlägt Profit. In: DIE ZEIT Nr. 16 vom 10.4.1992

POPCORN, Faith (1992): Der Popcorn Report – Trends für die Zukunft. München

PROGNOS AG (1984): Entwicklung der Freien Wohlfahrtspflege bis zum Jahr 2000. Studie. Basel

ROBERT BOSCH STIFTUNG GMBH (1990/1991): Bericht 1990–1991

ROBERT BOSCH STIFTUNG GMBH (1992): Programm-Information vom 7.7.1992

SCHNEIDEREIT, Rolf/HÜNDGEN, Gerald (1991): Werbemasche für die andere Tasche. In: INNO VATIO Heft 9/1991, 12–14

SCHUHMANN, KLAUS (1993): Ethische Fragen zum Sponsoring. In: Veemb 1993

SCHÜRMANN, Peter H. (1988): Sponsoring: Unternehmerisches Geldverschenken verliert seine Unschuld. In: MANAGEMENT ZEITSCHRIFT Heft 6/1988, 296–298

SCHWÄBISCHE ZEITUNG (1992): Soziale Einrichtungen müssen den Gürtel enger schnallen. Ausgabe vom 18.9.1992

SIEMENS NIXDORF AG (o.J.): Projekt „Computer helfen heilen". Bonn

SOCIALMANAGEMENT (Themenheft) 1/1994

STRAHLENDORF, Peter (1991) (Hg.): Jahrbuch Sponsoring. Düsseldorf, Wien, New York

STUKA, MARTIN (1992): Eine Hand wäscht die andere. In: VEREIN & MANAGEMENT Heft 12/1992, 10–11

STUTTGARTER ZEITUNG (1992): Sponsoring für Pennäler. Ausgabe vom 18.8.1992

SÜDDEUTSCHE ZEITUNG (1992): Therapie unter Ausschluß der Männerwelt. Ausgabe 13.7.1992

SÜDDEUTSCHE ZEITUNG (1993): Expedition aus dem Teufelskreis. Ausgabe vom 28.4.1993

TARNEDEN, Rudi (1992): Social Sponsoring. Ein Zauberwort für die 90er Jahre? In: DAS BAND Heft 1/1992, 19–21

TEMPEL, Eugen (1992): Die Management-Matrix im Fund-Raising. Forschungsstelle für Verbands- und Genossenschaftsmanagement, Universität Fribourg. Schweiz

TIEBEL, Christoph (1994): Professionalität dringend erwünscht. In: SOCIALMANAGEMENT Heft 1/1994, 20–23

VEEMB (1993) (Verband evangelischer Einrichtungen für Menschen mit geistiger und seelischer Behinderung e.V.): „Social-Sponsoring" – Zauberwort der 90er Jahre? Reutlingen

WALENSKI, Dieter (1993): Social-Sponsoring und Gemeinnützigkeit. In: VEEMB 1993

WELTBILD (1991): Sozial-Sponsoring. „Mit der Werbung läuft das bei uns wie im Sport". Ausgabe vom 26.6.1992

WINTER, Karin (1991): Wege aus der finanziellen Misere. In: HORIZONT Heft 48/1991, 21

WINTER, Karin (1992): Profi-Marketing für Ökologie, Kultur und Soziales. In: HORIZONT Heft 17/1992, 4

ZENTRALBLATT FÜR JUGENDRECHT (1991): Jugendförderung über Vereine und Stiftungen. Heft 12/1991, 582–585

ZORN, Werner (1991): Sozio- und Umweltsponsoring bei IBM. Konzeptpapier der PR-Stelle von IBM

ZORN, Werner (1993): Chancen und Grenzen von Sozio-Sponsoring. In: VEEMB 1993.

Autorin

Kirstin Schiewe (Jahrgang 1964) ist Diplom-Sozialpädagogin (FH). Sie war als Erzieherin und Leiterin vier Jahre im Kindergarten tätig. Derzeit arbeitet sie in Freiburg in der Erwachsenenbildung. Parallel dazu versucht sie, ein Sponsoring anzubahnen, das die Erlebnislandschaft für eine Kindertagesstätte finanzieren soll.